Für meinen Sohn

und alle wissenshungrigen jungen Aktivisten,
die der Planet Ozean so dringend braucht.

IMPRESSUM

Herausgeber: Pazifik-Informationsstelle Neuendettelsau
Redaktion: Pazifik-Informationsstelle Neuendettelsau
Layout/Graphik: Marco Ermann

Autorin: © Anne Mäusbacher beach cleaner www.beachcleaner.de
Illustrationen: © Christoph J Kellner //
studio animanova www.animanova.de

Fotografie: © Samantha Runkel, Anne Mäusbacher
Titel Bild: © *What lies under..* Ferdi Rizkiyanto, Indonesien

ISBN: 978-3-87214-568-0
Verlag: Erlanger Verlag für Mission und Ökumene, Neuendettelsau, 2022,
 5. überarbeitete Auflage
Druckerei: CPI - BuchBücher.de GmbH - Birkach

Alle Rechte vorbehalten

Die Vervielfältigung und Verbreitung der Materialien ist für Bildungszwecke nur nach Rücksprache mit Verlag und Autor unter Anwendung des copyrights gestattet.

Eine anderweitige kommerzielle Nutzung und Vervielfältigung, auch nur von Teilen, wie Illustrationen und Bildern, ist ausdrücklich untersagt.

Alle in diesen Materialien enthaltenen Inhalte wurden sorgfältig recherchiert und überprüft. Sollten sich trotzdem inhaltliche Fehler eingeschlichen haben, übernehmen die Verfasser keinerlei Verantwortung und Haftung.

Geschlechtsneutrale Formulierung:
Aus Gründen der leichteren Lesbarkeit wird in diesem Buch die gewohnte männliche Sprachform bei personenbezogenen Substantiven und Pronomen verwendet. Dies impliziert jedoch keine Benachteiligung des weiblichen Geschlechts, sondern soll im Sinne der sprachlichen Vereinfachung als geschlechtsneutral zu verstehen sein.

Die Deutsche Nationalbibliothek verzeichnet diese Publikation in der Deutschen Nationalbibliografie; detaillierte bibliografische Daten sind im Internet über https://www.dnb.de abrufbar.

LERNINHALTE 3

- Inspiration 4
- Vorwort 5
- *Kids for the Ocean* Programm 6
- Einführung & Wissensanalyse 7
- Der Blaue Planet 12
  - Artenvielfalt & marines Ökosystem 13
  - Nutzen der Meere für den Menschen 17
- Der Ozean ist in Gefahr 19
  - Der Müll im Ozean 23
    - » Spülsaum 24
    - » Einer der dreckigsten Flüsse der Welt 25
    - » Müllkontinente - Gyres 28
  - Woher kommt der Müll? 34
  - Wohin gelangt unser Müll? 48
  - Fakten & Zahlen 53
- Was genau ist Plastik? 59
  - Wie wird Plastik hergestellt? 61
  - Makro- und Mikroplastik 64
  - Wie lange besteht Plastik? 73
  - Bioplastik 77
  - Kann Plastik recycelt werden? 79
- Auswirkungen auf Gesundheit & Ökosysteme ... 82
  - Plastik in unserem Körper 84
  - Plastik in Fischen, Meeressäugern und Seevögeln 90
  - Wirtschaftliche Auswirkungen durch Meeresmüll 96
- Was kannst Du tun – Verstehen & Verändern .. 97
  - Müll-Tagebuch 98
  - Alternativen zu Plastik im täglichen Leben ... 99
  - Beach-Clean-Ups 121
  - Recycling/Kunst - Upcycling 127
  - Was andere tun/Vorbilder & Inspirationen ... 130
  - Kreislaufwirtschaft/Circular Economy 136
  - Bionik/Biomimikry 139
  - Ausmalen 141
- Nachwort 145
- Quellenverzeichnis 146
- Über die Autorin 148
- Danksagung 148

4 INSPIRATION

„We have to realise that the most important thing we take from the ocean is not minerals, not oil, not gas, it's not fish, not lobsters, not oysters – not a lot of things. It's our existence."

Dr. Sylvia Earle, Mission Blue

„Wir müssen begreifen, dass das Wichtigste, das wir von den Ozeanen erhalten, nicht mineralische Rohstoffe sind, nicht Erdöl, nicht Gas, und auch nicht Fisch, Hummer, Austern oder anderes. Es ist unsere Existenz."

Dr. Sylvia Alice Earle (* 30. August 1935 in Gibbstown, New Jersey) ist eine US-amerikanische Ozeanografin und Umweltaktivistin für den Schutz der Meere. Sie war wissenschaftliche Leiterin bei der staatlichen National Oceanic and Atmospheric Administration NOAA, beriet die NASA und ist seit 1995 für die National Geographic Society als Forscherin tätig. Als Leiterin von mehr als 60 Ozeanexpeditionen verbrachte sie über 7.000 Stunden unter Wasser. Sie gründete einige Organisationen, wie www.mission-blue.org und inspiriert die Menschheit mit den Geschichten aus der Unterwasserwelt und warum es so wichtig ist, diese zu schützen.

VORWORT 5

Die Ozeane sind überfischt, übersäuert und vermüllt. Die genaue Menge an Plastikmüll in den Weltmeeren ist in Zahlen nur schätzbar. Mehrere Millionen Tonnen geraten jedes Jahr neu hinzu. Nur, wie kommt es denn dazu? Wer sind die Verursacher? Was können wir daran verändern?
Dieser Müll hat nicht nur eine enorme Auswirkung auf die Unterwasserwelt, marine Ökosysteme und Seevögel, sondern auch auf unsere Gesundheit und unser Überleben.

Das Lehrprogramm „Kids for the Ocean" wurde für die Generation „Hope" und deren Pädagogen oder Erzieher entwickelt. Die Generation Hope sind Mädchen & Jungen zwischen 6 und 16 Jahren, die Entscheidungsträger von Morgen, die ganz dringend gebraucht werden.

Das Programm lässt sich einfach in den Schulunterricht oder jegliche andere Lehrform einbauen, wie Ferienprogramme, Kindereinrichtungen, Tagesbetreuungen und ist auch ideal für den Familienalltag geeignet.

Es ist flexibel aufgebaut. Als eigenständiges Programm oder für bestimmte Themen als einzelne Kapitel. Das Programm eignet sich für Wandertage, Thementage oder Projektwochen.

Die Zielgruppe wird allgemein ein besseres Verständnis zur größten Umweltkatastrophe der Menschheit erhalten und die Umwelt und deren Ressourcen nicht verschwenderisch und zerstörerisch behandeln.

Ziel ist es,

- auf die Plastikverschmutzung in den Ozeanen verständlicher aufmerksam zu machen und die Gefahr zu erkennen, die nicht nur die Ozeane, sondern unser Leben auf der Erde bedroht.
- Alternativen zum täglichen Plastik-Konsum aufzuzeigen.
- für unseren Planeten und unsere eigene Gesundheit, sowie für die Zukunft der Menschen zu kämpfen.
- Wege aufzuzeigen, im Einklang mit der Natur zu leben und unsere Umwelt nachhaltig zu beeinflussen.

Jeder Einzelne von uns kann eine wichtige Rolle übernehmen, die Plastikverschmutzung zu reduzieren und an neuen, noch unerforschten Lösungen zu arbeiten.

Anne Mäusbacher
Gründerin beach cleaner

KIDS FOR THE OCEAN

- Ein Aufklärungs- und Motivationsprogramm über die Plastikverschmutzung der Ozeane für Kinder und Jugendliche, Pädagogen und Eltern.

- Kinder und Teenager agieren als „Ozean-Botschafter" und Multiplikatoren, um die Idee weiterzugeben. D. h. sie geben das Wissen auf eine smarte Art in ihrem Umfeld an Eltern, Freunde, Schule, Sportverein etc. weiter.

- Aufgrund der Brisanz des Themas wird das Programm idealerweise in reguläre Lehrpläne aufgenommen.

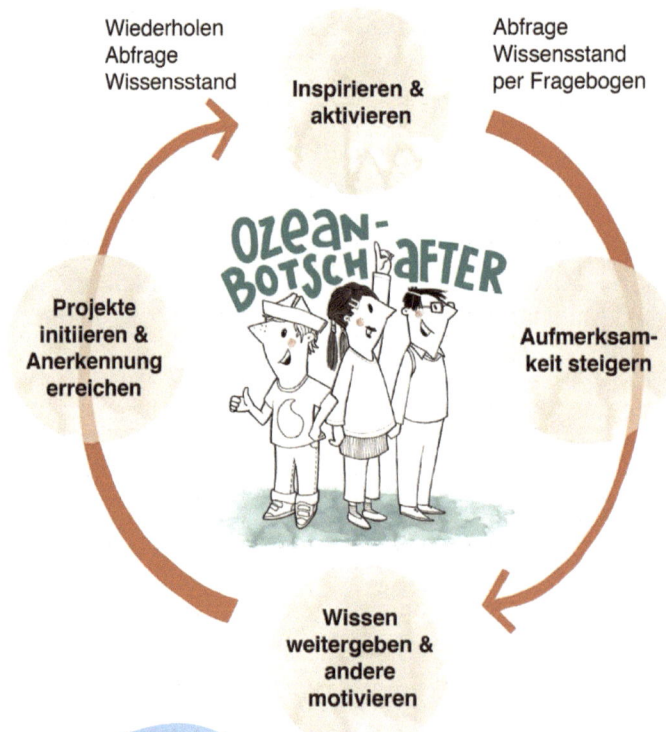

EINFÜHRUNG & WISSENSANALYSE

Zu Beginn wird mit einem Fragebogen gestartet, am Ende des Programmes wird dieser in einer etwas anspruchsvolleren Form noch einmal abgefragt.

Die Lerninhalte sollten in der angegebenen Reihenfolge abgearbeitet werden, dies ist aber nicht zwingend notwendig. Es können auch einzelne Themen unabhängig voneinander abgearbeitet werden.

Jedes Kapitel besteht aus einem Faktenteil, einem Arbeitsteil für die Schüler/Kinder und einem Antwortteil für den Pädagogen, Erzieher oder Elternteil.

Die Videos sind alle auf einer Website verfügbar:

www.beachcleaner.de/deutsch/kids-for-the-ocean/videos

Da das Programm mit dem Engagement eines jeden Einzelnen lebt und weiterentwickelt wird, freuen wir uns über Feedback.

Und jetzt viel Spass mit *Kids for the Ocean*.

EINFÜHRUNG & WISSENSANALYSE

*zum Kopieren & Ausdrucken
für Pädagogen und Eltern*

Vor **Start des Aufklärungsprogrammes** von den Kindern alleine auszufüllen.

Warum landet Müll im Ozean?
_____
_____

Was weißt Du über Plastikmüllinseln oder -kontinente?
_____
_____

Was kann man in der Gesellschaft dagegen tun?
_____
_____

Was kannst Du als einzelne Person konkret dagegen unternehmen?
_____
_____

Bleibt Plastik immer so erhalten, oder löst sich Plastik auf?
_____

Hast Du schon davon gehört, dass Plastik-Wasserflaschen nicht gesund sind?
_____
_____

Nach ca. 7 Wochen wird ein weiterer Abschlussfragebogen ausgefüllt.
Idealerweise nach der *Zero waste challenge (7 Wochen)* am Ende des Buches.

beach cleaner

Lösungen für Pädagogen & Eltern

EINFÜHRUNG & WISSENSANALYSE

Warum landet Müll im Ozean?

20 % des Mülls im Meer kommt von Container-Schiffen, Ölplattformen, Fischfangnetzen oder auch Kreuzfahrtschiffen. 80 % kommt vom Land, wird ins Meer geweht (überfüllte Müllkippen, Mülleimer, am Strand liegengelassener Müll), Industrieabwässer in Flüssen und Meeren, illegale Müllentsorgung.

Was weisst Du über Plastikmüllinseln oder -Kontinente?

Durch die natürliche Ozeanströmung wird der Müll zusammengeschwemmt. Es gibt bereits 5 - 7 Plastik-Kontinente in den Ozeanen, einer hat die Grösse von Europa.

Was kann man in der Gesellschaft dagegen tun?

Schärfere Gesetze, Kontrollgremien, Herstellerbesteuerung auf Plastik, mit der verpflichtenden Verantwortung des Recyclings unter ethischen und umweltfreundlichen Bedingungen.

Was kannst Du als einzelne Person konkret dagegen unternehmen?

Bewusst konsumieren, auf Verpackungsmüll verzichten und unverpackte Lebensmittel einkaufen, keinen Müll mehr entstehen lassen, d.h auch Verzicht.

Bleibt Plastik immer so erhalten, oder löst sich Plastik auf?

Unterschiedliche Abbauzeiten von einigen Jahrzehnten bis zu Hundert Jahren.

Hast Du schon davon gehört, dass Plastik-Wasserflaschen nicht gesund sind?

Der Nachweis von Mikroplastik in Mehrwegflaschen aus PET ist inzwischen gelungen. Sowohl vom Verschluss, als auch von der Flaschenwand löst sich Mikroplastik ab. Es wird angeraten, komplett auf Glas oder Edelstahlflaschen umzusteigen.

EINFÜHRUNG & WISSENSANALYSE

zum Kopieren & Ausdrucken für Pädagogen und Eltern

Am **Ende des Aufklärungsprogrammes** von den Kindern alleine auszufüllen.

Warum landet Müll im Ozean?
_____
_____

Wieviel Müll landet jede Minute im Ozean?
_____

Hast Du schon einmal von den *5 Gyres* gehört, was ist das?
_____
_____

Wer hat diese entdeckt?
_____

Welche Auswirkungen haben Plastik und die Verschmutzung auf unsere Gesundheit & Ökosysteme?
_____
_____

Was kannst Du als einzelne Person konkret dagegen unternehmen?
_____
_____

Bleibt Plastik immer so erhalten, oder löst sich Plastik auf?
_____

Wie lange braucht eine Plastikflasche, um wieder vom Planeten zu verschwinden?
_____

Hast Du schon davon gehört, dass Plastik-Wasserflaschen nicht gesund sind?
_____

Nach ca. 7 Wochen wird dieser Fragebogen gestellt.
Idealerweise nach der *Zero waste challenge (7 Wochen)* am Ende des Buches.

Lösungen für
Pädagogen & Eltern

EINFÜHRUNG & WISSENSANALYSE

Warum landet Müll im Ozean?
20 % des Mülls im Meer kommt von Container-Schiffen, Ölplattformen, Fischfangnetzen oder auch Kreuzfahrtschiffen. 80 % kommt vom Land, wird ins Meer geweht (überfüllte Müllkippen, Mülleimer, am Strand liegengelassener Müll), Industrieabwässer in Flüssen und Meer, illegale Müllentsorgung.

Wieviel Müll landet jede Minute im Ozean?
Jede Minute landet eine LKW-Ladung Müll direkt im Meer.

Hast Du schon einmal von den 5 Gyres gehört, was ist das?
Sogenannte Plastikkontinente, im Ozean, einer in der Größe von Europa. Es gibt inzwischen 5 - 7 dieser „Müll-Flecken". Diese wurden durch die Ozean Strömungen festgestellt, da der im Ozean schwimmende Plastikmüll hier angeschwemmt wird und sich neue Kontinente bilden.

Wer hat diese entdeckt?
US-Meeresforscher Captain Charles Moore im Jahr 1997.

Welche Auswirkungen haben Plastik und die Verschmutzung auf unsere Gesundheit & Ökosysteme?
Tiere verwechseln Plastik im Ozean mit Nahrung. Plastik wurde bereits in Muscheln und Fischen nachgewiesen, welche wieder auf unserem Teller landen. Einige Tierarten sind massiv vom Aussterben bedroht u. a. durch Plastik-Nahrungsaufnahme.

Was kannst Du als einzelne Person konkret dagegen unternehmen?
Bewusst konsumieren, auf Verpackungsmüll verzichten und unverpackte Lebensmittel einkaufen, keinen Müll mehr entstehen zu lassen, d.h auch Verzicht.

Bleibt Plastik immer so erhalten, oder löst sich Plastik auf?
Unterschiedliche Abbauzeiten von einigen Jahrzehnten bis zu Hundert Jahren.

Wie lange braucht eine Plastikflasche, um wieder vom Planeten zu verschwinden?
Eine Plastikflasche bleibt 450 Jahren im Ozean erhalten, bis sie sich in Mikroplastik auflöst.

Hast Du schon davon gehört, dass Plastik-Wasserflaschen nicht gesund sind?
Der Nachweis von Mikroplastik in Mehrwegflaschen aus PET ist inzwischen gelungen. Sowohl vom Verschluss, als auch von der Flaschenwand löst sich Mikroplastik ab. Es wird angeraten, komplett auf Glas oder Edelstahlflaschen umzusteigen.

DER BLAUE PLANET
Artenvielfalt & marines Ökosystem

Mehr als 95 % des Ozeans ist **unentdeckt**

Den Großteil des Ozeans kennen wir noch gar nicht.

Habt Ihr gewusst, dass Tintenfische drei Herzen haben?
Zwei Herzen werden gebraucht, um das Blut in die Kiemen zu pumpen, und das dritte Herz wird benötigt, um das sauerstoffhaltige Blut in den Rest des Körpers zu transportieren.

Tintenfische können sich komplett verwandeln und ihrer Umwelt anpassen, z. B. zu Sand oder Steinen.

1. Was ist das kleinste Meerestier?
2. Welches ist das grösste Meerestier?

Recherchiere in Lexikon, Bibliothek oder Internet.

1. Kleinstes Meerestier: Nanoplankton ab 4 Mikrometer (µm - Ein Mikrometer ist ein millionstel Meter.), Zooplankton ab 0,5 mm.
2. Größtes Meerestier: Blauwal 35 Meter. Das Herz hat die Größe eines Kleinwagens.

DER BLAUE PLANET
Artenvielfalt & marines Ökosystem

1. Welche Rolle spielt das Phytoplankton?
2. Welche Rolle spielt das Zooplankton in der Nahrungskette?

Recherchiere und erkläre anhand einer von Dir gestalteten Collage (A3 Plakat).

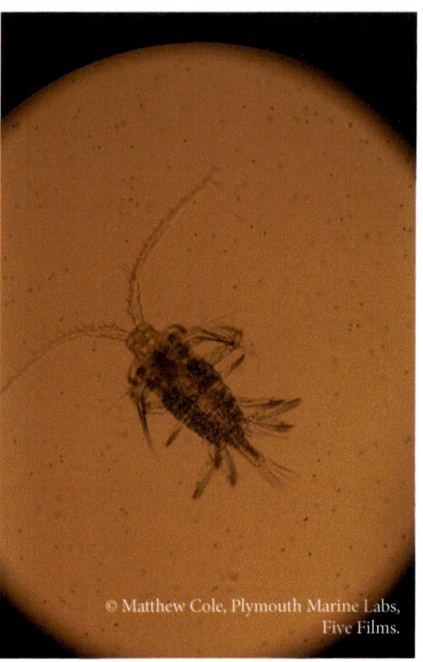

© Matthew Cole, Plymouth Marine Labs, Five Films.

1. Das Phytoplankton ist meist für unsere Augen unsichtbar, für das Leben in den Ozeanen aber sehr wichtig. Es ist ein pflanzlicher Einzeller (überwiegend Kieselalgen). Es lebt nahe der Wasseroberfläche und betreibt durch Sonnenlicht Photosynthese. Es wandelt Kohlendioxid in pflanzliche Biomasse um, dadurch wird Sauerstoff produziert. Die Hälfte des Sauerstoffes, den wir einatmen, wird durch den Ozean produziert.
2. Das Zooplankton (Kleinstlebewesen, wie Krill) spielt als Nahrungsquelle für Fische und viele andere Meereslebewesen eine wesentliche Rolle. Es ernährt sich von Phytoplankton. Durch die Anwesenheit des Planktons knapp unterhalb der Wasseroberfläche verfärben sich große Meeresflächen oftmals und geben dadurch den Fischern Hinweise auf Fischschwärme wie Heringe und Makrelen, die sich vom Zooplankton ernähren.

Quelle: www.br.de/themen/wissen/krill-plankton-algen100.html

DER BLAUE PLANET
Artenvielfalt & marines Ökosystem

1. Wie viele Tierarten sind bisher erforscht im Ozean?
2. Wie viele sind noch unentdeckt?
3. Wieviel Prozent des Ozeans ist bereits erforscht?
4. Wieviel Prozent „des Ozeanes" stehen unter besonderem Schutz?

Recherchiere im Internet.

1. 80 % der Tierwelt der Erde leben im Ozean, mit über 230.000 bekannten Arten.
2. Unentdeckt sind wohl einige weitere Millionen.
3. Nur 5 %, mehr als 95 % des Ozeans, sind unerforscht.
4. Nur 3 - 5 % stehen derzeit weltweit unter Schutz (Marine Protected Areas, MPA).

DER BLAUE PLANET
Artenvielfalt & marines Ökosystem

Unser Land auf der Erde ist umringt von **drei großen Ozeanen**: Atlantischer Ozean, Pazifischer Ozean und Indischer Ozean. Es gibt aber auch einige kleinere Meere, wie die Nord- und Ostsee und das Mittelmeer. Die Wissenschaft weiß mehr über die Oberfläche des Mondes, als über den Großteil des Gebietes unter der Meeresoberfläche unseres Planeten.

Die Tiefsee

Die Tiefsee des Ozeans hat viele Schluchten und Gräben: 76 % des Ozeans haben eine Tiefe von 3 - 6 km.

Besondere Messgeräte und Tauchroboter sind für die Erforschung des Meeres notwendig. Unendlich weite Ebenen des Meeresbodens sind mit Sedimenten (Schichten) bedeckt. In den meisten Ozeanen und Seen fällt die Temperatur mit zunehmender Tiefe (in 4.000 m Tiefe: ca. 2 - 4 Grad Celsius).

Die Polargebiete

Die Arktis und die Antarktis gehören zu den kältesten und stürmischsten Regionen der Welt. Die Arktis bedeckt ca. 5 % unserer Erde. Die Arktis besteht aus einem eisbedeckten Ozean, umgeben von Kontinenten. Der Kontinent Antarktika ist größer als Europa. Die exakte Fläche des Festlandes ist nicht bekannt, weil große Teile der dauerhaften Eisbedeckung am Rande aus Schelfeis bestehen, das Wasserflächen wie z. B. Meeresbuchten überdeckt.

Das Korallenriff

In den warmen Tropengewässern gibt es Korallenriffe, das größte ist das Great Barrier Reef vor der Nordostküste Australiens. Es wurde bereits unter Schutz gestellt. Das Riff beherbergt über 350 Korallenarten, diese bieten für unzählige Fische einen idealen Lebensraum. Die Koralle ist eine Tierart mit einer Schale als Schutz, Algen versorgen die Koralle mit Nahrung. Es gibt in den Tiefen des Ozeanes Tiefseekorallen oder auch Kaltwasserkorallen genannt, sie wurden in allen Weltmeeren gefunden und in bis zu 3.800 m Tiefe nachgewiesen.

Unsere Flüsse

Flüsse bieten Lebensraum und Nahrungsgrundlage für viele Menschen und Tiere (Vögel, Biber, Fische) und stellen einen wichtigen Wassertransportweg dar. Zunehmend leiden die Flüsse unter der Verschmutzung durch Müll und Abwässer im Inland und diese finden ihren Weg direkt in das Meer.

Müll findet sich jedoch auch in **allen Lebensräumen der Ozeane**:

An den Küsten, an der Meeresoberfläche, in der Wassersäule und am Meeresboden bis hinunter in die tiefsten Tiefseegräben. Sogar im arktischen Meereis wurden kleinste Kunststoffpartikel und -fasern, sogenanntes Mikroplastik, nachgewiesen.

© Stephanie Kurz, Thailand

Quelle: Bund.net, Aktion im Wissenschaftsjahr 2016/2017 – Meere und Ozeane, Wikipedia

DER BLAUE PLANET
Nutzen der Meere für den Menschen

Wir leben zwar an Land, aber unser Planet besteht zum Großteil aus Wasser.

1. Wie groß ist eigentlich der Ozean?
2. Wie viele Ozeane gibt es?
3. Der Ozean hat einen großen Nutzen, finde heraus, welchen (klimatechnisch, wirtschaftlich, biologisch..).
4. Womit versorgt uns der Ozean?

Recherchiere und mach Dir Gedanken, warum man vom Blauen Planeten spricht. Gestalte eine Collage mit allen Informationen, die Du finden kannst.

5. Welche Informationen findest Du bei www.ecosia.de zu „thermohaline Zirkulation"?

---

1. Der **Ozean deckt 2/3** der Erdoberfläche ab.

2. Es gibt **drei große Ozeane**: Atlantischer Ozean, Pazifischer Ozean, Indischer Ozean und einige kleinere Meere, wie z. B. die Nord- und Ostsee und das Mittelmeer.

3. Der **Ozean reguliert das Klima** und transportiert die warme und kalte Luft durch die Strömungen über den Planeten. Einige marine Organismen (Phytoplankton) nehmen Kohlendioxid aus der Atmosphäre auf. Andere produzieren Gas wie Dimethylsulfid, welches die Wolkenbildung unterstützt, die Sonnenstrahlen abwehrt und den Planeten kühlt.
Der Ozean **absorbiert 30 % des Kohlendioxids**, das durch Menschen und Tiere produziert wird. Dadurch wird die globale Erderwärmung abgeschwächt. Seit 1955 wurden mehr als 90 % der überschüssigen Wärme, die die Erde aufgrund der ansteigenden Treibhausgase abgibt, von den Ozeanen absorbiert.
Die Fischerei-Industrie beschäftigt ca. 200 Millionen Menschen. **90 % des Güterverkehres** wird über den Ozean transportiert. Der Ozean ist **Energielieferant** (durch Wind, Wellen), Rohstofflager (Öl, Gas, Methanhydrate, Manganknollen). Der Ozean und seine Küstengebiete liefern einen großen Erholungsfaktor und versorgen die **Tourismus**-Industrie.

4. Jeder zweite Atemzug wird vom Ozean generiert (Sauerstoff): **50 % des Sauerstoffs** wird von Phytoplankton und mikrokosmischen Pflanzen produziert. Der Ozean versorgt uns mit der größten Protein-Quelle (Fisch und Meeresfrüchte); einige Nationen sind direkt davon abhängig. Der Ozean ist auch Quelle für frisches Wasser und Medizin (u. a. Algen).

5. Die thermohaline Zirkulation, umgangssprachlich auch globales Förderband, ist ein ozeanografischer Terminus für eine Kombination von Meeresströmungen, die vier der fünf Ozeane miteinander verbindet und dabei zu einem globalen Kreislauf vereint.

Mindestens 40 % des Ozeans sind durch menschliches Handeln betroffen, in Bezug auf Verschmutzung, Überfischung, Übersäuerung und der Verlust des Küsten Lebensraumes (mehr unter SDG 14 (Sustainable Development Goals im **Kapitel Was kannst Du tun – Verstehen & Verändern**)

Quelle: Wikipedia, Nachhaltigkeitsziele der UN

DER BLAUE PLANET
Nutzen der Meere für den Menschen

SAUERSTOFF 50%
Ozeane produzieren über die Hälfte des weltweiten Sauerstoffs. Dabei absorbieren sie etwa 30 Prozent des Kohlendioxids, das von Menschen produziert wird

Mehr als drei Milliarden Menschen sind für ihren Lebensunterhalt auf die biologische Vielfalt der Meere und Küsten angewiesen

WIRTSCHAFT
Weltweit wird der Marktwert auf drei Billionen US$ pro Jahr geschätzt

Fischerei in den Meeren beschäftigt mehr als 200 Millionen Menschen

DER
Ozeane bedecken drei Viertel der Erdoberfläche. Sie enthalten 97 Prozent des Wassers der Erde. Über 200.000 Arten wurden bisher identifiziert, aber tatsächliche Zahlen können in Millionen liegen

ERHOLUNG
Schwimmen, Surfen, Tauchen ... Es gibt vieles, was wir gerne machen und unserer Erholung dient

WETTER
Strömungen leiten Hitze vom Äquator zu den Polen. Das reguliert das Klima und entscheidet über unser Wetter

90%

TRANSPORT
Etwa 90% aller Waren werden per Schiff transportiert

NAHRUNG

Wir kennen Meeresfrüchte. Aber auch in Erdnussbutter oder Sojamilch finden sich Stoffe aus dem Ozean

ÖKOSYSTEM
Gesunde Korallenriffe geben Lebensraum für 5 bis 10 Tonnen Fisch pro Quadratkilometer und Jahr

MEDIZIN

Viele medizinische Produkte beinhalten Zutaten aus dem Ozean

DER OZEAN IST IN GEFAHR

Der Ozean ist durch viele menschliche Einflüsse stark gefährdet.

Was findest Du zu den Themen?

1. Überfischung
2. Beifang
3. Übersäuerung
4. Verschmutzung der Meere
5. Klimawandel

Recherchiere im Internet.

© NOAA

1. 90 % des internationalen Fischbestandes ist bereits aufgefischt, d. h. es gibt für viele Völker, die auf den Fischfang als Nahrungsquelle angewiesen sind, weil es dort nichts anderes gibt, keinen Fisch mehr (z. B. auf den Malediven gibt es keine Obst- und Gemüseplantagen). Ein weiterer Grund für den Rückgang des Fischbestandes ist auch das Erdöl, welches durch Tankerunglücke oder Unfälle auf Bohrinseln ins Meer gelangt und die Tier- und Pflanzenwelt zerstört.
2. Als Beifang bezeichnet man die Tiere, die durch Großfangnetze aus dem Meer mitgefangen werden (Delfine, Schildkröten, junge Fische oder Vögel).
3. Die Meere sind übersäuert, da ein immer höherer CO_2-Ausstoß vom Meer gesäubert werden muss. CO_2 entsteht durch Flug-, Auto-, Bus- und Bahnverkehr, Industrieabgase aus Fabriken und sogar Müllverbrennungs-/Recyclinganlagen (28 % - 30 % des CO_2 werden vom Ozean absorbiert).
4. Nicht nur der Plastikmüll, sondern auch Abwässer aus Ackerbau und Landwirtschaft, wie Düngemittel, aber auch aus der Industrie, wie das Färben von Stoffen (Bekleidungsindustrie), hinterlassen in unseren Abwässern giftige Chemikalien, die ihren Weg über Flüsse ins Meer finden. 169 sogenannte „Tote Zonen" dehnen sich aus in den Weltmeeren, worunter auch die gesamte deutsche Küste fällt.
5. Durch den Klimawandel wird das Meer wärmer, die Pole schmelzen und der Meeresspiegel steigt. Die Malediven wird es im Jahre 2045 wahrscheinlich nicht mehr geben. Die Inselgruppe liegt zwischen 1 - 3 Meter über dem Meeresspiegel.

Der marinen Artenvielfalt stehen einige massive Herausforderungen bevor, die enorme Auswirkungen und Veränderungen, bis zur kompletten Ausrottung von Arten, nach sich ziehen. Nach der IUCN-Liste sind 27 % der Korallenriffe, 25 % der Meeressäuger und über 27 % der Seevögel davon stark betroffen.

Quelle: www.sueddeutsche.de/wissen/umwelt-tote-zonen-in-den-ozeanen-dehnen-sich-aus-1.1376876

DER OZEAN IST IN GEFAHR

Es gibt keinen anderen Ort auf der Welt, der so zugemüllt wird, wie unsere Ozeane. 90 % des Abfalls, der durch unsere Ozeane schwimmt, besteht aus Plastik.
Der Ozean spült den Müll, durch die lange Haltbarkeit des Kunststoffes, wieder zurück an die Küsten oder zersetzt ihn in kleinere, noch problematischere Plastikteilchen.

Die Auswirkungen der Vermüllung auf die Ökosysteme des Meeres sind immens. Aber auch wir Menschen sind den Folgen der Plastikflut direkt ausgesetzt.

Als Einstieg werden die nachstehenden Filme empfohlen, zu denen es keine Altersbeschränkung gibt. Idealerweise werden diese im Klassenverband oder mit der Familie angesehen und danach erste Eindrücke besprochen.

Alle Videos sind hier verfügbar:
www.beachcleaner.de/deutsch/kids-for-the-ocean/videos

Video 1
Albatross – Midway Island - ein Film von Chris Jordan (3:49 min)
Über das Midway Atoll und die Umweltkatastrophe in der Region.

Video 2
Plastik im Meer - Ocean Care (3:10 min)
Plastikmüll vergiftet Meerestiere, verstopft ihre Mägen oder legt sich als tödliche Schlingen um ihre Körper. OceanCare zeigt das Plastikproblem, sowie die Folgen für Meerestiere und Menschen auf.

Video 3
If the Oceans die, we die – SeaShepherd (1:10 min)
Schätzungen zufolge sterben jährlich über 1 Millionen Vögel und 100.000 Meerestiere an Plastikmüll, den sie mit Nahrung verwechseln. Da Meerestiere ihn nicht verdauen oder ausscheiden können, sammelt sich das Plastik im Magen der Tiere an und führt früher oder später zu einem qualvollen Tod durch Verhungern.

22 DER OZEAN IST IN GEFAHR

1. Was bedeutet Marine Debris oder Marine Litter?

Recherchiere im Internet.

Die UNEP & Jim Toomey haben ein aufklärendes Video über die Verschmutzung der Ozeane erarbeitet.

Alle Videos sind hier verfügbar:
www.beachcleaner.de/deutsch/kids-for-the-ocean/videos

Video 4
Was bedeutet Marine Debris oder Marine Litter? (2:13 min)
Two Minutes on Oceans w/ Jim Toomey: Marine Litter

1. Marine Debris/Marine Litter: Meeresmüll, auch bekannt als Abfall im Meer, der vom Menschen absichtlich oder aus Versehen ins Meer geleitet wurde. Dies kann auf hoher See oder vom Land aus geschehen und unterschiedliche Ursachen haben.

   Die Auswirkungen von Marine Debris sind enorm und werden in den folgenden Seiten erklärt.

Quelle: Alfred Wegener Institut - Helmholtz-Zentrum für Polar und Meeresforschung

DER OZEAN IST IN GEFAHR
Der Müll im Ozean

1. Wem gehört das Meer? Was findest Du zum internationalen Seerecht?
2. Gibt es internationale Abkommen zur Müllvermeidung im Meer?
3. Gibt es Schwierigkeiten/Herausforderungen bei der Einhaltung?

Recherchiere im Internet.

© Anne Mausbacher

1. Das offene Meer gehört eigentlich niemandem, nur bestimmte Abschnitte, Inseln und definierte Entfernungsrahmen von der Küste gehören zum Verwaltungsraum der Länder: Zwölf Seemeilen vor der Küste werden als eigenes Küstenmeer beansprucht. Ausschließlich gefischt darf ca. 200 Seemeilen vor der Küste, und auf hoher See gelten dann internationale Rechte und Regeln, wie UNCLOS = UN-Seerechtsübereinkommen, definiert den Rahmen der Meeres-Governance und wird auch Verfassung der Meere genannt.

2. - MARPOL www.imo.org
   - OSPAR Spülsaum-Monitoring: OSPAR steht für „Oslo" und „Paris" und ist ein völkerrechtlicher Vertrag zum Schutz der Nordsee und des Nordostatlantiks. Ausgewählte Strandabschnitte werden regelmäßig erfasst.
   - Honolulu Strategy

3. Durch die Größe des maritinen Raumes ist die Kontrolle von Einhaltungen und Verletzungen der internationalen Gesetze und Regularien sehr schwierig und oft kaum nachvollziehbar.

Quelle: Meeresatlas - www.boell.de/de/2017/05/10/ocean-governance-wem-gehoert-das-meer

DER OZEAN IST IN GEFAHR
Der Müll im Ozean
Spülsaum

Viel zu viel Plastik schwimmt im Meer. Ein Teil davon wird am Strand mit jeder Welle beim Zurückfließen ins Meer zum Vorschein gebracht, auch Spülsaum genannt. Bei dem Saum am Strand handelt es sich um klitzekleine Plastikpartikel.

Durch das Sonnenlicht werden auf dem Wasser schwimmende Plastikteile (fotochemischer Abbau) verkleinert und von Krebsen, Fischen und Plankton mit Nahrung verwechselt, manches landet am Strand oder sinkt auf den Meeresgrund.

Der Anteil des angeschwemmten Plastiks liegt zwischen 75 - 90 %. Was zu dem Ergebnis passt, dass 90 % des Mülls im Meer aus Plastik besteht. Siehe nachstehendes Spülsaum-Monitoring aus den Jahren 2002-2008.

75,3 % Plastik / Polystyrene
8,3 % Holz
5,4 % Glas
3,2 % Papier/Pappe
3 % Gummi
2,4 % Metall
1,4 % Kleidung/Textilien (Achtung, der Plastikanteil dürfte hier gestiegen sein (Polyester))
0,6 % Sanitär (Achtung, der Plastikanteil dürfte gestiegen sein (Windeln/Hygieneartikel)
0,2 % Keramik/Porzellan
0,1 % medizinischer Abfall (teilweise aus Plastik)
0,1 % Fäkalien

Aber woher kommt denn nun der Müll im Meer?

Quelle: OSPAR Spülsaum-Monitoring, Südliche Nordsee (2002-2008).
www.eucc-d.de/news/Dem-Müll-auf-der-Spur.html
www.umweltbundesamt.de/service/uba-fragen/wie-werden-abfaelle-in-deutschen-meeren-momentan

DER OZEAN IST IN GEFAHR 25
Der Müll im Ozean
Einer der dreckigsten Flüsse der Welt

© Mast Irham/EPA-EFE/REX/Shutterstock

Finde heraus, wo das sein könnte.
Lässt sich der Ort anhand des besonderen Bootes oder der Bekleidung des Kindes erforschen? Teile Deine Gedanken in der Gruppe.

1. Der Citarum ist der längste und größte Fluss in der indonesischen Provinz Jawa Barat, Java. Am völlig übermüllten Citarum Fluss leben viele Menschen, die von dem Fluss abhängig sind. Das Wasser versorgt die Menschen nicht nur als Trinkquelle, sondern es wird auch zum Waschen oder als Toilette benutzt. Dieser Fluss, der vom Landesinneren in den Ozean führt, gilt als einer der dreckigsten Flüsse der Welt.

2. Täglich gelangen tonnenweise Abwässer von z. B. internationalen Textilartikelherstellern, weiteren Industriezweigen und Hausmüll, über den Fluss direkt in das Meer.

3. Es gibt kein lokales Müllmanagement, das sich des Themas annimmt und eine entsprechende Infrastruktur aufbaut (Sammelstellen, Müllabfuhr, Recycling, Verbrennung). Der Fluss soll nunmehr gesäubert und renaturiert werden. Man rechnet mit einem Zeitraum von acht Jahren.

DER OZEAN IST IN GEFAHR
Der Müll im Ozean
Müllkontinente - Gyres

1. Was ist ein Gyre?
2. Wieviele Gyres gibt es?

3. Welcher Gyre liegt am nächsten an Hawaii?
4. Wann und von wem wurde das entdeckt?
5. Welcher Gyre liegt am nächsten an Deutschland?

Recherchiere im Internet.

1. Seit 1997 wissen wir, dass durch Meeres-Strömungen fünf neue Kontinente entstanden sind. Sie bestehen aus Plastikmüll. Die Strömungen häufen den Plastikmüll in den Ozeanen zusammen. Sie sehen z. T. aus wie kleine Inseln und werden Gyres oder Garbage Patches (Müllflecken) genannt. Der Begriff „Müllteppiche" wird oft benutzt, ist aber nicht korrekt, da der hauptsächlich aus Kunststoff bestehende Müll nicht nur an der Oberfläche, sondern auch unterhalb davon treibt und sogar sinkt. Der Begriff „Plastiksuppe" ist am besten geeignet, um sich diese Bereiche vorzustellen.
2. Inzwischen gibt es mindestens fünf bis sieben Gyres - Müllkontinente.
3. Der „North Pacific Garbage Patch" liegt am nächsten an Hawaii. Unter der angespülten Müllflut leidet das Archipel extrem (Nordpazifischer Gyre oder North-Pacific-Gyre).
4. Kapitän Charles Moore entdeckte den größten Gyre bereits 1997, bei einem Segelrennen von Hawaii nach Kalifornien. In den Medien war damals darüber nichts zu lesen und auch heute wird nicht viel davon berichtet. Sein Schiff fuhr durch den North-Pacific-Gyre, und die herumschwimmenden kleinen Plastikteilchen fielen ihm und der Besatzung sofort auf. Heute forscht er mit dem Institut „Algalita" an dem sich verändernden Zustand der Gyres.
5. Der North-Pacific-Gyre liegt am nächsten an Deutschland.

Quelle: www.algalita.org Marine Research & Education

DER OZEAN IST IN GEFAHR
Der Müll im Ozean
Müllkontinente - Gyres

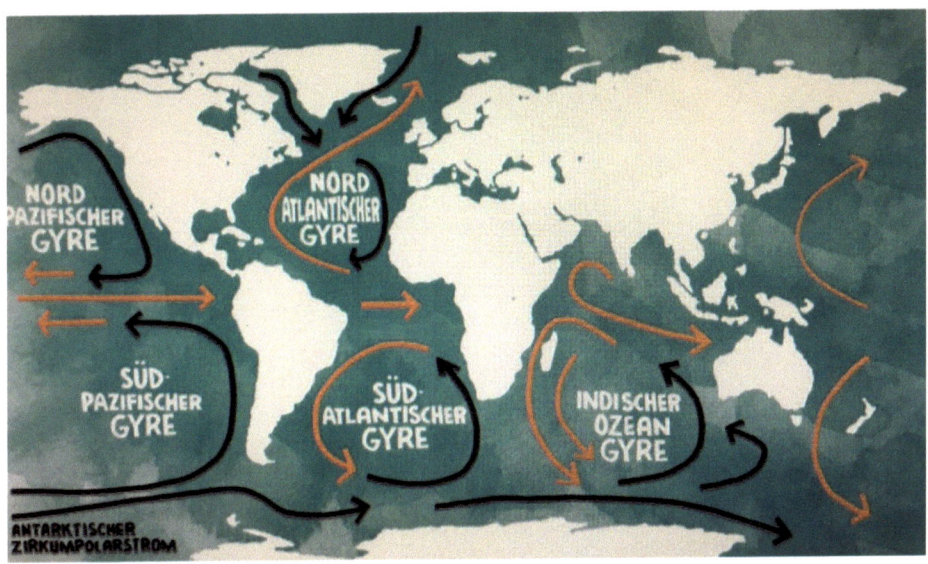

Wie entstehen die Gyres?

Natürliche Ozean-Strömungen auf nördlicher und südlicher Erdhalbkugel wurden über Satellitenbilder längst erforscht. Diese Strömungen regulieren das Erdklima und transportieren Wärme vom Äquator in den Norden und Europa.

Die Strömungen finden sowohl an der Wasseroberfläche statt als auch tief im Wasser und treiben den Müll im Meer zusammen, so dass die „Müllsuppe" immer größer wird.

Video 6
Captain Charles Moore auf Mission (2:00 min)
www.beachcleaner.de/deutsch/kids-for-the-ocean/videos

- Plastik kann mehrere hundert Jahre im Meer treiben, wobei die Plastikteile durch das Salzwasser, die Wellen und Sonneneinstrahlung in immer kleinere Stückchen zerrieben werden.
- Die Anzahl der Plastikteile im Nordpazifischen-Gyre an der Wasseroberfläche ist zwischen 1972 - 2010 um 1.000 % gestiegen! Die größte Probenmessung zeigte bis zu 26.3 Millionen Plastikteile pro km².
- Im Nordatlantik hat man 130.000 Plastikstücke/km² festgestellt.

Quelle: 5Gyres Institut

DER OZEAN IST IN GEFAHR
Der Müll im Ozean
Müllkontinente - Gyres

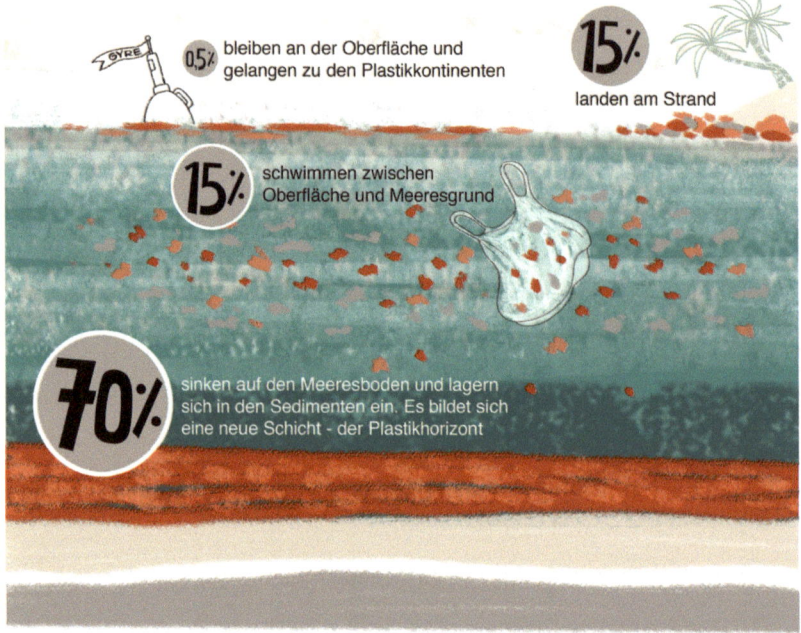

1. Können wir das alles säubern? Überlege und diskutiere in der Gruppe.
2. Wie kann man sicherstellen, dass die Meere nicht noch mehr zugemüllt werden?

1. Nur 0,5 -1 % des Mülls befindet sich an der Oberfläche, der Rest sinkt auf den Meeresboden herab und lagert sich dort ein. Es bildet sich eine neue Plastikschicht, auch Plastiksediment genannt. Neue Erkenntnisse zeigen auch, dass sich das Plastik im Meereis einlagert. Es ist nicht einfach bzw. fast unmöglich, diesen Bereich zu säubern.

2. Wichtig ist es vor allem, kein neues Plastik herzustellen und den Zulauf des Mülls in die Meere zu stoppen, um die ständige Vergrößerung der Plastikkontinente zu vermeiden. Neue Alternativ-Materialien und Recycling-Innovationen sind dringend gefragt.

Quelle: 5Gyres Institut

DER OZEAN IST IN GEFAHR — 31
Der Müll im Ozean
Müllkontinente - Gyres

Die Probe zeigt, wie die Plastiksuppe aussehen kann.

Unzählige Seevögel und Fische sterben, weil sie kleine Plastikpartikel mit Nahrung verwechseln. Die Kleinteile verstopfen ihre Mägen und sie verhungern.

Wie gravierend das Problem inzwischen ist, zeigte eine langjährige Untersuchung von Eissturmvögeln an der Nordsee: Neun von zehn Tieren hatten Plastik im Magen.

Auch in abgerissenen und zerkleinerten Fischernetzen, die aus Kunstfasern hergestellt wurden, verheddern sich Jahr für Jahr Hunderttausende Tiere.

Quelle: Algalita Marine Research and Education, NOAA, Ocean Unite 2016

DER OZEAN IST IN GEFAHR
Der Müll im Ozean

Ein weiterer Plastikfund im Ozean sind die kleinen Plastik-Pellets. Aus vielen Pellets werden Kosmetik und Pflegeprodukte, aber auch größere Plastikgegenstände geschaffen (**mehr dazu im Kapitel *Was genau ist Plastik & Auswirkungen auf Gesundheit & Ökosysteme***).

Hier sieht man ein Plastik-Pellet im Vergleich neben Muscheln und kleinen Schalentieren.

1. Wenn du Dir dieses Stück Mikroplastik im Vergleich ansiehst, welche Gefahren birgt es?

1. Inzwischen gibt es sechs Mal mehr Plastik als Plankton im Meer, diese hohe Konzentration wurde in den Gyres/Müllkontinenten festgestellt. Das sind einerseits die kleinen industriellen Plastik-Pellets, aber auch Mikroplastikpartikel, die in der Pflege und Kosmetikindustrie verwendet werden. Die Reste dieser Produkte gelangen von Industrie und Haushalten in die Gewässer und letztendlich in den Ozean. Die heutigen Kläranlagen können das klitzekleine Mikroplastik nicht herausfiltern, das sich so im Wasser und auch in der Nahrungskette anreichert.

Forscherinnen der Universität Tokio haben an der Oberfläche von Plastik-Pellets bis zu einer Million mal höhere Giftkonzentrationen als im umgebenen Wasser gefunden. Kleine Plastikteilchen saugen nämlich gefährliche Umweltgifte (wie DDT oder PCB) wie einen Schwamm auf. Das Mikroplastik wird von den Tieren mitsamt den Giften aufgenommen, problematisch sind dabei die enthaltenen Weichmacher (wie Bisphenol A), die wie Hormone wirken.

Eine neue Studie zur Luftverschmutzung in Räumen durch Mikroplastik ergab, dass wir ca. 7.000 Mikroplastik Partikel jeden Tag einatmen, hervorgerufen durch Kunststoff im Haus, wie Teppiche, Kleidung, Kissen, Decken und Stofftiere.

Video 12
Mikrofaser - Mikrokugeln - 5 Gyres Institut (4:35 min)
How plastic microbeads are causing big problems.

www.beachcleaner.de/deutsch/kids-for-the-ocean/videos

Quelle: www.bund.net Achtung Plastik! Meereslabor Plymouth (Südwestengland)
University of Portsmouth, UK - www.forbes.com/sites/jamiehailstone/2021/11/08/families-inhale-7000-microplastic-particles-at-home-every-day-reveals-study/?sh=1dba112524e6

DER OZEAN IST IN GEFAHR
Der Müll im Ozean

1. Was steht am Anfang unserer Nahrungskette?
2. Welche Auswirkungen hat der Müll auf die Nahrungskette?

Siehe Dir hierzu die wissenschaftliche Untersuchung an.

Video 5
Weche Rolle spielt das Zooplankton in der Nahrungskette? (0:50 min)
www.beachcleaner.de/deutsch/kids-for-the-ocean/videos

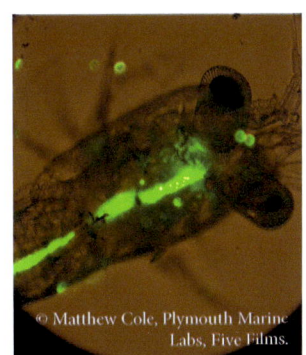
© Matthew Cole, Plymouth Marine Labs, Five Films.

1. In der oberen Wasserschicht schwebende Algen nennt man Phytoplankton. Diese sind die Nahrungsgrundlage für ebenfalls schwebende Kleinkrebse - auch Zooplankton genannt, welches wiederum als Nahrungsquelle für Fische und viele andere Meereslebewesen eine wesentliche Rolle spielt. Siehe auch **Kapitel Der blaue Planet**.

2. Die Plastikpartikel in den Müll-Teppichen befinden sich nicht nur an der Oberfläche, sondern sie sinken, werden durch das Sonnenlicht weicher und kleiner und werden dadurch von den Meerestieren mit Futter verwechselt. Es wurde wissenschaftlich herausgefunden, dass Mikroplastik bereits von Plankton aufgenommen, als Nanoplastik wieder ausgeschieden wird und somit allen anderen Meerestieren in noch kleinerer Form als Nahrung angeboten wird. Man fand Plastik auch im Magen und Gewebe von Fischen, Meeresfrüchten und Meeressäugern (wie Walen).

DER OZEAN IST IN GEFAHR
Woher kommt der Müll?

1. Wo findet man Müll im Ozean?

Erkläre die Bilder.

1. Der Plastikmüll wird sowohl auf der offenen See, in der Tiefsee, auf unbewohnten Inseln und Küstenregionen, sowie im Eis eingefroren, aufgefunden.

   Müll befindet sich demnach überall.

DER OZEAN IST IN GEFAHR
Woher kommt der Müll?

Derzeit gelangen jährlich acht Millionen Tonnen Plastik in die Ozeane. Das entspricht etwa der Ladung eines Lastwagens pro Minute, der in die Meere entleert wird.

1. Wie viele Ladungen eines Lastwagens werden bis zum Jahre 2030 erwartet? Was schätzt Du?
2. Wie könnte sich diese Entwicklung bis zum Jahre 2050 verändern?

1. Derzeit gelangt etwa die Ladung eines LKWs pro Minute in die Ozeane. 2030 wird sich die Zahl verdoppeln.
2. In 2050 wird sich die Zahl vervierfachen.

Eine Müllentsorgung in den Amazonas.

Seht Euch das *Video 7* an und diskutiert in der Gruppe, warum das passiert und was man dagegen tun könnte.

www.beachcleaner.de/deutsch/kids-for-the-ocean/videos

DER OZEAN IST IN GEFAHR
Woher kommt der Müll?

1. 80 % des Mülls im Ozean stammt vom Land.

Was könnte das bedeuten?

Video 8
Lernen & Verstehen: Great Pacific Garbage Patch (2:58 min)
www.beachcleaner.de/deutsch/kids-for-the-ocean/videos

© Anne Mäusbacher

8 - 12 Mio. Tonnen Plastik landen im Meer jedes Jahr.
Geschätzte 140 Mio Tonnen befinden sich bereits im Ozean.

Zu 1.
80 % des Plastikmülls stammt vom Land:

- Meist einmal gebraucht (Einweg) findet der Müll seinen Weg durch Winde und Flüsse in den Ozean. Der Müll stammt zum Teil von überfüllten Mülleimern, Deponien, liegengelassenen Picknick-Resten am Strand oder im Park, sowie unerlaubter Müllentsorgung in der Natur von Privatpersonen oder Firmen.
- Industrie- (inklusive Plastik-Pellets) und Haushaltsabwässer gelangen durch Flüsse und Kanäle ins Meer.
- Das problematische Mikroplastik, welches in Kosmetik und Pflegeprodukten verwendet wird und sich als Mikrofaser in Kleidung wiederfindet, landet über Kläranlagen im Meer.
- In einigen Ländern gibt es keine Müllentsorgung und der Müll wird direkt vor der Haustür entsorgt.
- Jede Minute landet umgerechnet eine komplette LKW-Ladung Müll im Meer.
- Zusätzlich zum Plastikmüll kommen noch Düngemittel (Landwirtschaft) hinzu, aber auch das Färben von Stoffen (Bekleidungsindustrie) hinterläßt in unseren Abwässern giftige Chemikalien, die ihren Weg über Flüsse ins Meer finden.

20 % des Mülls kommt
- von Containern und Frachtern (u. a. verlorene Fracht oder sogar Plastik-Pellets)
- durch die Fischerei (verlorenes Fischfang-Werkzeug, Geisternetze)
- durch illegale Müllentsorgung
- von Kreuzfahrtschiffen
- vom Abfall von Bohrinseln.

DER OZEAN IST IN GEFAHR   37
Woher kommt der Müll?

Ca. 4 Milliarden Plastik-Zahnbürsten landen jedes Jahr in Deponien und im Meer.

1. Erstelle eine Wandzeichnung/Collage der unterschiedlichen Müllquellen und wie diese ihren Weg ins Meer finden.

2. Die Donau mündet in ein Meer. Finde heraus in welches und wieviele Tonnen Plastik dort täglich landen?

1. Collage umseitig.
2. Die Donau mündet ins Schwarze Meer und jeden Tag gelangen vier Tonnen Plastik von der Donau ins Meer.

Quelle: Environmental Pollution Department of Limnology and Oceanography, Faculty of Life Sciences, University of Vienna

DER OZEAN IST IN GEFAHR

Woher kommt der Müll?

1. Um welchen Müll handelt es sich hier? Fallen Dir eigene Beispiele ein?

   Liste auf.

© M. Schuppich

2. Was passiert mit den Ballons, nachdem sie in den Himmel fliegen?

   Recherchiere hierzu im Internet.

© Stephanie Kurz, Thailand

© Danique Mulder, Parnassia aan zee, Zandvoort

---

1. Zahnbürsten, Zahnpasta, Plastikflaschen, Plastiktüten, Bausteinchen, Überraschungseier, Tupperware®, Ballons, Strohhalme, Trinkflaschen für die Schule, Kugelschreiber und noch vieles mehr, alles aus Plastik.

2. Der Ballon kann sich Hunderte von Kilometern vom Festland aufs weite Meer entfernen. Wenn die Luft ausgeht, landet der Ballon im Meer, wie kleine und große Plastikmüllreste, die hohen Schaden im Meer anrichten. Viele Vögel und Meerestiere verheddern und strangulieren sich an Ballonleinen, Angelschnüren oder Fangnetzen. Der Ballon selber löst sich nicht auf, er wird nur klebriger und weich. Die Tiere verwechseln den Müll mit Nahrung, verstopfen ihre Mägen und sterben.

DER OZEAN IST IN GEFAHR
Woher kommt der Müll?

1. Wie lange ist die Gebrauchszeit einer Plastiktüte, bevor sie im Müll landet?
2. Was wird für die Herstellung einer Tüte benötigt?
3. Wie lange ist die Gebrauchszeit einer Plastikflasche, bevor sie im Müll landet oder recycelt wird?

Recherchiere.

1. Die durchschnittliche Lebenszeit einer Plastiktüte beträgt 15 min.
2. Für eine 20 g Plastiktüte benötigt man ca. 50 ml Erdöl.
3. Die durchschnittliche Lebenszeit einer Plastikflasche beträgt ca. 30 min. Sie kann 12 - 20 Mal recycelt werden, eine Glasflasche bis zu 50 Mal.

Obwohl das Leitungswasser in Deutschland eine sehr gute Qualität hat und in jedem Haushalt getrunken werden kann, greift der Deutsche lieber zu teurem, abgefülltem Wasser in Plastik- oder Glasflaschen.

2015 / LITER PRO JAHR   KONSUM VON ABGEFÜLLTEM WASSER PRO KOPF

© http://trademachines.de/info/abgefuelltes-wasser/

DER OZEAN IST IN GEFAHR — 41
Woher kommt der Müll?

1. Wieviele Einwegbecher werden in Deutschland pro Stunde konsumiert?
2. Wie kann man das reduzieren?
3. Was ist das Problem an den Einweg-/To-Go-Bechern?
4. Wieviel Bäume müssen für eine globale Jahresproduktion Einweg-Pappbecher abgeholzt werden?

Recherchiere.

© Anne Mäusbacher

Pro Stunde werden in Deutschland **320.000** To-Go-Becher benutzt

Das sind **2,8 Milliarden** im Jahr!

Ein Becher besteht aus **Polystrol** (Deckel) und mit **Kunststoff** laminiertem Papier

1. Alleine in Deutschland werden 320.000 Kaffee To-Go-Becher in der Stunde! weggeworfen und das für ca 15 min. Genusszeit. Das bedeutet 2,8 Milliarden Einweg-Becher (nur in Deutschland) pro Jahr. Insgesamt ergibt das gestapelt einen Turm von der Erde bis zum Mond.
2. Sich Zeit nehmen, den Kaffee im Café geniessen oder eigenen Becher mitbringen.
3. Ein Becher besteht aus Polystrol (Deckel) und aus mit Kunststoff laminiertem Papier. Ein vollständiges Recycling ist kaum möglich und erfordert eine absolute Trennung vom Restmüll. Die beschichteten Pappbecher landen also irgendwann in Papierrecyclinganlagen. Aufgrund der Kunststoffbeschichtung löst sich jedoch beim Recycling meistens nur ein kleiner Teil der Papierfasern vom Becher. Der überwiegende Teil wird mit den nicht recyclebaren Resten zusammen mit dem Restmüll verbrannt.
4. Wenn man eine Jahresproduktion (weltweit) aufeinanderstapelt, wäre dies ein Turm mit einer Höhe von 2,28 Mio. km. Das entspricht 57 Erdumrundungen. Dafür müssen 9,4 Mio. Bäume abgeholzt werden.

Fact-Sheet – Umweltproblem Coffee To-Go-Einwegbecher – Deutsche Umwelthilfe www.duh.de/becherheld-problem

DER OZEAN IST IN GEFAHR
Woher kommt der Müll?

1. **Spiel „Ich bin ein Stück Müll aus…."**
   - Bereitet Loszettel vor mit Ländernamen aus Europa (oder auch weltweit), sowie eine große Landkarte von Europa oder die der ganzen Welt.
   - Jedes Kind zieht einen vorbereiteten Loszettel und überlegt, welcher Müll aus dem Inland kommen könnte und welchen Weg der Müll ins Meer finden könnte.
   - Wenn man sich die Strömungen im Meer ansieht, wo kann der Müll hingetrieben werden?

© Anne Mäusbacher

2. **Geschichte**
   - Schreibe eine Geschichte über Dein Müllstück.
   - An welchen Ländern/Kontinenten ist es vorbeigetrieben?
   - Wenn Du es finden würdest, würdest Du es recyceln? Wenn ja, zu was?

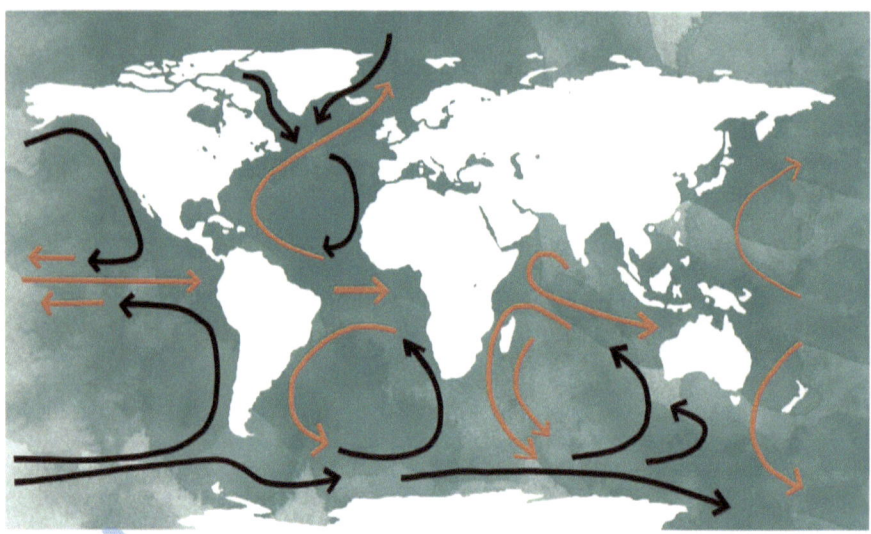

DER OZEAN IST IN GEFAHR
Woher kommt der Müll?

1. Stelle Dir einen Strand vor, welcher Müll könnte dort liegen?

2. Was ist die Nummer 1 des Mülls am Strand?

Anne Mäusbacher

© Miquel Garau-Ginard – Initiative No más colillas en el suelo Barcelona

© Anne Mäusbacher
Aschenbecher im Naturschutzgebiet Sylt

1. Lebensmittelumverpackungen, To-Go-Becher, Tüten, Styropor, Zahnbürsten, Feuerzeuge, Strohhalme...

2. Die Zigarette ist der größte Verschmutzer von Stränden und Meeren. 38 % des am Strand gefundenen Mülls sind Zigarettenstummel. Der Filter einer Zigarette besteht aus Plastik oder genauer aus Celluloseacetat.

   Durch Auswaschen von Nikotin kann ein gerauchter Zigarettenstummel 1000 L Wasser verunreinigen. Zigarettenkippen werden als Bedrohung für die Qualität städtischer Gewässer und folglich für das Trinkwasser eingestuft.

   Der Abbau des Filters dauert bis zu 5 Jahre. Während seines Zersetzungsprozesses werden toxische Stoffe an die Umgebung abgegeben, denn in der Zigarette befinden sich ebenfalls Teer, Schwermetalle und aromatische Kohlenwasserstoffe. Aromatische Kohlenwasserstoffe (z. B. Toluol, Ethylbenzol, Xylol) kommen z. B. in Treibstoffen, Klebern, (Nitro-)Lacken, Verdünnern und vielen anderen Produkten vor. Sie können auch in der Außenluft vorkommen. All diese Stoffe wirken sich schädlich auf die Natur, die Menschen und Tiere aus.

https://www.oekotoxzentrum.ch/media/194897/2019_zigarettenstummel_de.pdf
https://www.sciencedirect.com/science/article/abs/pii/S0022169414004107

DER OZEAN IST IN GEFAHR
Woher kommt der Müll?

© Anne Mäusbacher

© Vendla, Zakyntos, Griechenland

Was findet man alles bei Strand-Reinigungsaktionen, bei den sogenannten Beach-Clean-Ups?

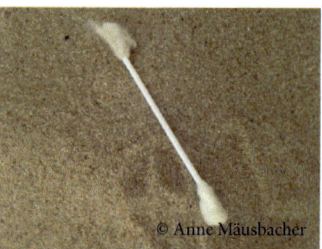
© Anne Mäusbacher

© Anne Mäusbacher

1. Warum wird so viel Plastik gefunden?
2. Woraus besteht die Chipstüte?
3. Was ist mit Styropor? In welchem Zusammenhang kommt Styropor zum Einsatz?
4. Warum sind so viele Ohrstäbchen/Q-tips am Strand zu finden, hast Du dafür eine Erklärung?

---

1. Plastik ist oft leichter (als Holz) und schwimmt an der Oberfläche.
2. Die Chipstüte besteht aus Plastik (mehrschichtiger Kunststofffolien-Aufbau), ist federleicht und zersetzt sich erst nach 450 Jahren.
3. Styropor wird oft als Dämmmaterial und Umverpackungen für Elektro-Artikel und Möbel verwendet. Außerdem wird es als Lebensmittel- und To-Go-Verpackungen sehr oft eingesetzt und wird aus Erdöl hergestellt.
4. Der Ozean spuckt sehr vieles wieder heraus, was in ihn hineingekippt wurde. Dazu gehören auch z. B. Q-tips, oder andere Hygieneartikel, wie Binden, Tampons, sogar Windeln, die zum Großteil aus Plastik bestehen. Diese gelangen oft über die Toilette und Abwasserkanäle ins Meer. Daher sollte man Gegenstände, die Plastik enthalten, niemals die Toilette runterspülen. Ab in den Restmüll damit!

DER OZEAN IST IN GEFAHR
Woher kommt der Müll?

© Stephanie Kurz, Thailand

Teste die Auftriebsksraft des Mülls anhand

- einer Tüte,
- einer Dose,
- einer leeren Plastikflasche,
- von Papier,
- von Holz,
- von Glas,
- von Gummi,
- einer Bananenschale,
- eines Apfelbutzen.

Benötigt werden: 2 - 3 Wassereimer oder -wannen, 1 Ventilator

Teste, welcher Müll wegtreibt, wegfliegt oder untergeht.

Was hast Du beobachtet?

Plastik ist oft leichter (als Holz) und schwimmt an der Oberfläche.

DER OZEAN IST IN GEFAHR
Woher kommt der Müll?

1. Zeichne ein Poster über ein Müllstück Deiner Wahl, welches seinen Weg

    a. aus der Stadt
    b. aus Deinem Haushalt
    c. aus der Schule

    ins Meer findet.

    Erkläre den Ursprung des Müllstücks.

© NOAA

2. Aus der Sicht einer Plastiktüte – Kurzgeschichte

Schreibe eine Kurzgeschichte aus der Sicht einer Plastiktüte, die in Deinem Ort über einen Fluss irgendwann ins Meer gelangt.

- Wie gelangt die Tüte in den Fluss?
- Wo kommt diese vorbei?
- Mit welchen Tieren oder Menschen hat diese Kontakt?

Du kannst auch dazu malen…

DER OZEAN IST IN GEFAHR 47
Woher kommt der Müll?

1. Wieviel Müll produziert ein Besatzungsmitglied eines Schiffes am Tag?
2. Was verbirgt sich unter „Marpol, Annex V"?
3. Was sind Geisternetze?

Recherchiere.

1. Der Müllverbrauch eines Besatzungsmitgliedes: 3 kg Müll/p.c.
2. Marpol, Annex V ist das internationale Gesetz über das Verbot der Müllentsorgung durch Schiffe im Meer.
3. Geisternetze sind im Meer vergessene oder verlorene Großfang-Netze, die mittlerweile verboten sind, aber immer noch illegalerweise im Einsatz sind. Diese Netze tragen einen großen Teil zur Überfischung und Zerstörung des marinen Lebensraumes bei. Sie bestehen aus Nylon, und die Bojen aus Kunststoff. In Geisternetzen können sich Fische, Delfine, Meeresschildkröten, Haie, Krokodile, Seevögel, Krabben und andere Kreaturen verheddern. Durch diese Netze werden die Tiere in ihrer Bewegung behindert, sie verhungern, ersticken und infizieren sich an den Plastik-Netzen mit Erregern, die zu Krankheiten oder zum Tod führen können.

Quelle: STAP (2011). Marine Debris as a Global Environmental Problem
www.imo.org

DER OZEAN IST IN GEFAHR
Wohin gelangt unser Müll?

Unser Konsum hinterlässt überall Spuren. Er bedient sich an den zum Teil längst erschöpften Ressourcen (z. B. Überfischung, Abholzung der Regenwälder für Sojabohnen-Anbau als Futtermittel für Fleischindustrie) und belastet die Umwelt.

Mancher Abfall ist einfach unsinnig und könnte gleich eingespart werden: Zum Beispiel in Folie eingeschweißtes Gemüse und Obst (Obst bringt bereits eine eigene Schutzhülle mit sich). Aber auch Zahnbürsten, Shampoo-Flaschen, Duschgels, Reinigungsmittel, Plastikstrohhalme, Plastikgetränkeflaschen, Zigarettenkippen, oder auch giftiger Elektroschrott – alte Handys, Fernseher und Computer, die über Umwege in Asien und Afrika auf dem Müll landen, verursachen Unmengen an Abfall, der nur über eine sehr lange Zeit oder gar nicht in der Umwelt abgebaut werden kann und somit immer mehr wird.

Unsere Welt ist dabei, im Müll zu versinken. Es gibt bereits Alternativen zur Verpackung und kluge Lösungsansätze und doch werden weltweit nur 3 - 12 % des Mülls recycelt, der Rest landet auf der Mülldeponie oder im Meer...

DER OZEAN IST IN GEFAHR
Wohin gelangt unser Müll?

1. Idealerweise wird der Müll getrennt:
- Was passiert mit unserem Restmüll?
- Was passiert mit dem Müll am Wertstoffhof?
- Wo landen die Glas-Flaschen aus dem Glascontainer?

Recherchiere.

2. Umweltdetektive

Eine Schülergruppe von 4 - 6 Kindern arbeitet als „verdeckte Ermittler" und besucht eine Müllanlage.

- Der Gelbe Sack (Duales System)
  - Was passiert mit dem Sack wirklich?
  - Wird sortiert?
  - Wie wird recycelt?
  - Welcher Anteil landet in der Müllverbrennung oder Deponie?

Fundierte Recherche-Ergebnisse werden dann vor der Klassengemeinschaft präsentiert.

1./2. Die Lösungen variieren von Region zu Region, da Müllentsorgung und -trennung unterschiedlich gehandhabt werden. Generell wird getrennt nach Plastik, Glas, Papier, Restmüll, Biomüll. **Verpackungsmüll** aus Kunststoff und Metall kommen in den gelben Sack. Das Plastik wird dann eingeschmolzen, um neue Verpackungen herzustellen, oder in Energie umgewandelt. Es wurden schon Gelbe Säcke aus Deutschland in Bali entdeckt und man bekommt hier keine offene und ehrliche Aussage, wo welcher Müll denn wirklich landet. Der Ausflug in eine Müllstation und Recycling-Anlage ist sehr lohnenswert.

DER OZEAN IST IN GEFAHR
Wohin gelangt unser Müll?

1. Nur geringe Mengen des Mülls werden recycelt. Recherchiere, wieviel Prozent in Deinem Ort, Deiner Region, Deinem Bundesland recycelt wird?

2. Finde die Recyclingquoten und Verbrennungsquoten in Deutschland heraus.

1. /2. Die Recyclingquoten liegen zwischen 3 % und 12 % weltweit betrachtet. Es gibt Länder wie Deutschland, die eine durchschnittliche Recyclingquote bei Kunststoffen von 35 % angeben (dafür gibt es sogar eine gesetzliche Quote) und diese auf 66 % (2020) anheben wollen. In der Gesamt-EU werden ca. 27 % recycelt.

Recyclingquoten variieren: Glas, Blech und Papier liegen bei 80 %, Kunststoffgemische liegen bei 12 %.

Das deutsche Recyclingsystem gilt als Vorreiter, doch die offiziellen Zahlen zu den wiederverwerteten Rohstoffen werden von Kritikern bemängelt. Dazu zähle nämlich auch Abfall, der später verbrannt oder nach China verschifft werde. Deutschland verkauft einen Großteil des Mülles zum Recycling nach Asien. China allerdings stoppt seit Anfang 2018 nun den Import des Mülls aus dem Ausland, d. h. es müssen neue Lösungen der Müllverwertung im Inland besprochen werden. Verbrennung des Mülls kann nicht die Lösung sein.

Quelle: Eurostat/FOCUSOnline
www.bund.net/service/publikationen/detail/publication/plastikatlas-2019/
https://www.sueddeutsche.de/wissen/muell-kreislauf-das-deutsche-recycling-maerchen-1.3491734

DER OZEAN IST IN GEFAHR
Wohin gelangt unser Müll?

Unser Müll wird auch exportiert, d. h. aus dem Land gebracht.

| 1. Was findest Du dazu im Internet? *Recherchiere in der Gruppe.*

©Ramón Diaz, Julie-Sophie Trembley (Littora), Los Zorros beach, in Jiquilillo, Nicaragua

1. In Deutschland fallen etwas sechs Millionen Tonnen Plastikmüll pro Jahr an. Davon wird etwa ein Viertel ins Ausland exportiert. Ungefähr die Hälfte davon (also 1/8) nach China.

Anfang 2018 schiebt China allerdings den globalen Müllimporten einen Riegel vor.

D. h. die exportierenden Staaten (wie die EU) müssen mit den vielen Plastikabfällen nun selber umgehen.

Unser Restmüll landet in Deponien, wird verbrannt (teilweise wird daraus Energie gewonnen), oder illegal in der Natur und dem Ozean entsorgt.

15 % des Mülles im Ozean wird wieder an unsere Küsten zurückgespült. Dort wird der Müll mühsam aufgesammelt von vielen Freiwilligen und Hilfsorganisationen, wie hier auf dem Bild. In einigen Ländern wurde bereits der Notstand ausgerufen, da die Strände im Müll ertrinken.

Quelle: www.spiegel.de/wirtschaft/soziales/plastikmuell-exportstopp-von-plastik-fuehrt-zu-verbrennungsexzess-a-1197297.html

DER OZEAN IST IN GEFAHR
Wohin gelangt unser Müll?

1. Was heißt Mehrweg und Einweg?

2. Welche Mehrweg-Siegel oder -Symbole kennst Du? Siehst Du Schwierigkeiten in der Vielzahl dieser Systeme?

Recherchiere und diskutiere in der Gruppe, welche Herausforderungen es hier geben könnnte.

Auf der Rückseite von Plastikverpackungen befinden sich oftmals Mehrweg-Symbole, die den weiteren Verlauf eines benutzten Produktes bestimmen können.

1. Damit möchte man sich vom Einweg zum Mehrweg entwickeln und den Produkt-Umverpackungen mehrere Leben geben. Diese Artikel können zum Teil in ihrer Form nach Reinigung wieder benutzt werden, oder durch Recycling in eine neue Form, für einen neuen Zweck gebracht werden. Unter **Einweg** fallen Dinge, die nur kurz Verwendung finden: To-Go-Becher, Plastiktüten, Plastikflaschen, Kaffee-Kapseln, Strohhalme.

2. Nachfolgend einige bekannte Siegel aus Deutschland:

- **Das Mehrweg-Zeichen** steht für ein Pfandsystem: Wird die Flasche zurückgegeben, gibt es Pfand (im Cent-Bereich) zurück. Die Glasflaschen werden bis zu fünfzigmal wieder befüllt, die PET-Mehrwegflasche wird ca. zwölf- bis zwanzigmal wiederbefüllt.

- **Der Blaue Engel** ist das Umweltzeichen der Deutschen Bundesregierung und soll Orientierung beim Kauf nachhaltiger Produkte geben.

- **Bepfandete Einwegsysteme** der DPG, Deutsches Pfandsystem, mind. 25 Cent. Das Recyclingsymbol (ein Zahlencode) verrät mehr über das verwendete Material.

- Nicht bepfandete Einwegsysteme können, müssen aber nicht, den **Grünen Punkt** tragen. Es gibt einige duale Systeme mit unterschiedlichen Markenzeichen und Symbolen, was es nicht einfacher und transparenter für den Verbraucher macht.

Quelle: www.mehrweg.org www.blauer-engel.de www.gruener-punkt.de.

DER OZEAN IST IN GEFAHR 53
Fakten & Zahlen

Die Meere sind überfischt, übersäuert und vermüllt....

Auch wenn wir uns nicht direkt am Meer befinden, münden jedoch unsere Kanäle, Seen und Flüsse letztendlich alle im Meer.

Durch diese Gewässer landen nicht nur Abwässer aus Industrie und Haushalten, ebenso herumfliegender Müll von Picknickwiesen, illegaler Müllentsorgung und Deponien, in den Ozeanen.

© Atel Dwi Pramadia, West Java, Indonesien

DER OZEAN IST IN GEFAHR
Fakten & Zahlen

Zusammenfassung

- **Jede Minute** landet eine LKW-Ladung Plastik im Meer
- **8 - 12 Millionen Tonnen Plastik** landen pro Jahr im Meer
- **119 Plastik-Flaschenverschlüsse** befanden sich in einem Albatross in Hawaii
- **80 % des Plastikmülls** im Meer kommt vom Land, also von uns!
- **5,25 Billionen** Plastikteile im Meer (2014)
- Pro km² Meeresoberfläche schwimmen **bis zu 2,3 Mio. Plastikteile**
- **5** Plastik-Teppiche im Ozean, je in der Grösse von Europa!
- **90 %** des schwimmenden Mülls ist Plastik.
- 2045 findet sich **mehr Plastik als Fisch** in den Ozeanen

© Image Algalita Research and Education

Quellen: 5Gyres, World Economic Forum, Ellen MacArthur foundation

DER OZEAN IST IN GEFAHR
Fakten & Zahlen

Man vermutet, dass im Jahr 2025 jährlich bis zu 400 Millionen Tonnen Plastik im Ozean landen (Stand heute: 8-12 Millionen pro Jahr).

1. Stell Dir vor Du bist im Jahr 2025.
   Wie ist das Verhältnis von Plastik zu Fisch in Tonnen?

2. Recherchiere im Internet, was man bis zum Jahre 2050 vermutet?

IN 2050 FINDET SICH MEHR PLASTIK ALS FISCH IN DEN OZEANEN

1. 2025: Eine Tonne Plastik auf drei Tonnen Fisch.
2. 2050: Mehr Plastik als Fisch im Ozean.

Quelle: www.Oceanunite.org - www.wwf.de/themen-projekte/meere-kuesten/unsere-ozeane-versinken-im-plastikmuell/
www.ecowatch.com/groundbreaking-study-5-trillion-pieces-of-plastic-floating-in-worlds-ocean-1881987557.html

DER OZEAN IST IN GEFAHR
Fakten & Zahlen

1. Wer sind die Top 5 Länder in Bezug auf Plastikverschmutzung?

2. Recherchiere die Menge an Plastik, die im Meer landet, pro Kontinent.

1. China, Indonesia, Philippinen, Vietnam, Sri Lanka machen gesamt 60 % des Plastiks im Ozean aus.
2. Siehe Illustration

Quelle: Meeresatlas 2017 / Grida , Jambeck & NOAA, IUCN2017

DER OZEAN IST IN GEFAHR — 57
Fakten & Zahlen

In Deutschland fallen pro Einwohner / Jahr 617 kg Haushalts- & Verpackungsmüll an - mehr als im EU-Durchschnitt!

136 kg MEHR

EU-DURCHSCHNITT VERPACKUNGSMÜLL

Deutschland ist mit einem Anteil von 20 % einer der größten Abfallverursacher in Europa. Die Menschen in Deutschland verursachen deutlich mehr Müll als der EU-Durchschnitt.

617 Kilogramm Haushalts- und Verpackungsabfälle fielen 2013 pro Einwohner in der Bundesrepublik an, 136 Kilogramm mehr als im EU-Durchschnitt. Wo viel konsumiert wird, fällt in der Regel auch viel Müll an. Ein weiterer Grund: Der Anteil der Ein- und Zweipersonenhaushalte, sowie von Senioren nimmt zu. Das hat zur Folge, dass kleinere Füllgrößen und/oder vorportionierte Einheiten gekauft werden (eben auch To-Go), was sich wiederum erhöhend auf den Verpackungsverbrauch auswirkt.

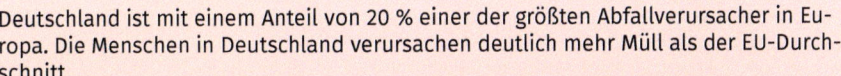
1. Welche Länder verbrauchen noch mehr Müll im Jahr pro Person?

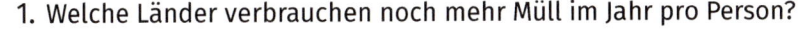

1. Noch mehr verbrauchen die Schweiz, Dänemark, Zypern und Luxemburg.

Quelle: Statistisches Bundesamt 2015 (Studie 2013)
spiegel.de/wirtschaft/service/muell-deutsche-produzieren-mehr-abfall-als-die-meisten-europaeer-a-1040252.html

DER OZEAN IST IN GEFAHR
Fakten & Zahlen

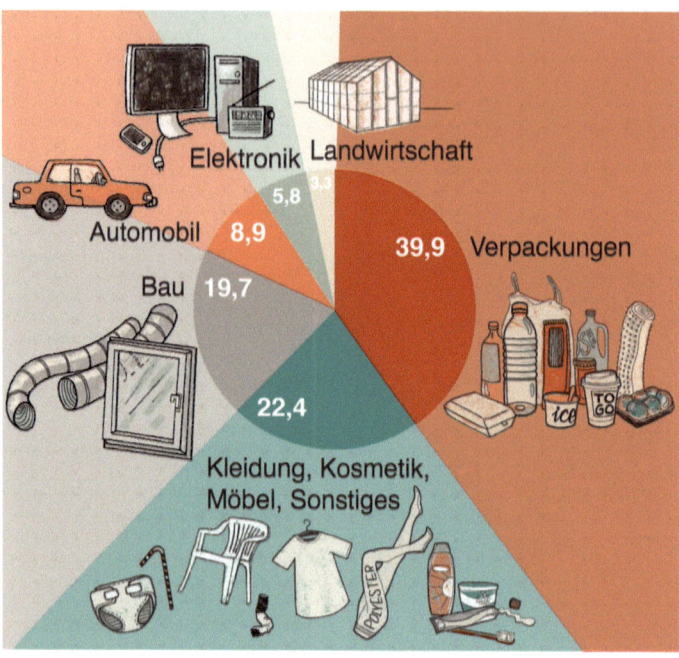

1. Wenn Du Dir die Grafik ansiehst, welchen Einfluss haben wir Endverbraucher, was können wir ändern?

2. Warum wird Bekleidung in obiger Übersicht genannt?

1. Einen großen Anteil haben die Lebensmittelumverpackungen mit fast 40 %. Aber auch Mikroplastik und Mikrofasern aus Kosmetik und Textilien spielen eine nicht zu unterschätzende Rolle. Textilien werden oft aus Kunstfasern produziert, die aus Erdöl hergestellt werden. Bei der Produktion in der jeweiligen Fabrik, wie auch beim Waschen beim Endverbraucher, lösen sich pro Waschgang einige Tausend Mikrofasern, die über die üblichen Waschmaschinenfilter und Kläranlagen nicht aufgehalten werden können.
Lösung: Den Müll erst gar nicht entstehen lassen, kostenloses Leitungswasser anstatt abgefülltem, unverpackt einkaufen/lose Lebensmittel, eigene Gefäße und Körbe zum Einkauf mitbringen. Bei Textilien auf Naturmaterialien achten und einfach weniger konsumieren. Mehr dazu in den folgenden Kapiteln.

2. Die Bekleidungsindustrie wird als zweitgrößter Verschmutzer des Planeten genannt. 35 % des Mikroplastiks im Meer stammt von Textilien. **Mehr im Kapitel *Was genau ist Plastik*.**

Quelle: www.wiwo.de/technologie/green/plastik-tuetenverbot-schuetzt-meere-kaum/19500936.html

© Anne Mäusbacher

WAS GENAU IST PLASTIK?

„Die Menge an Kunststoff, die wir seit Beginn des Plastikzeitalters produziert haben, reicht bereits aus, um unseren gesamten Erdball sechs Mal mit Plastikfolie einzupacken" (Zitat aus dem Film Plastic Planet).

Seht Euch den Film unbedingt an.

Plastic Planet von Werner Boote
Plastik ist billig und praktisch. Wir sind Kinder des Plastikzeitalters. Kunststoffe können bis zu 500 Jahre in Böden und Gewässern überdauern und mit ihren unbekannten Zusatzstoffen unser Hormonsystem schädigen.

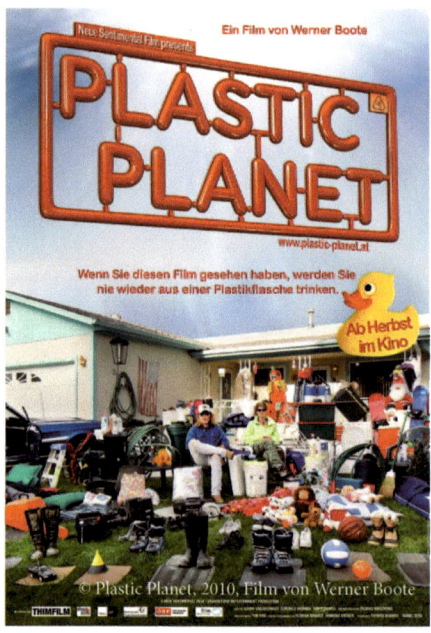

Video 10
Plastic Planet von Werner Boote (1:35h)
www.beachcleaner.de/deutsch/kids-for-the-ocean/videos

> Die weltweite Plastikproduktion hat sich in den vergangenen Jahrzehnten vervielfacht (um 620 % im Zeitraum von 1970 bis 2013). Die Menge des Kunststoffabfalls im Meer dürfte sich entsprechend in den vergangenen Jahren erhöht haben. Experten schätzen, dass sich im Jahr 2015 etwa 280 Millionen Tonnen Plastik im Meer befanden (2017: über 300 Millonen Tonnen).

Aber was ist denn nun eigentlich Plastik?

Alfred Wegener Institut - Helmholtz–Zentrum für Polar und Meeresforschung
www.awi.de/im-fokus/muell-im-meer   www.wernerboote.com   Plastic Planet (www.plastic-planet.de)

WAS GENAU IST PLASTIK?
Wie wird Plastik hergestellt?

Plastik gibt es eigentlich erst seit den 50-er Jahren.

Wer den Erfinder des Plastiks sucht, wird ihn nicht finden - auf einen einzigen Forscher ist die Idee der Kunststoffe nicht zurückzuführen. Plastik, das ist das Produkt von Forschern, Chemikern und Unternehmern, die teils Jahrhunderte voneinander trennen.

© NOAA, Plastik Pellets

1. Woraus wird Plastik hergestellt?

Recherchiere in Deiner Bibliothek oder im Internet.

1. Das Wort Plastik stammt aus dem Griechischen und bedeutet ursprünglich die geformte/formende Kunst. Als Kunststoff wird ein Material bezeichnet, das „künstlich", sprich synthetisch, erzeugt wurde. Der Kunststoff kann in jede beliebige Form gebracht werden.

   Plastik wird einfach und billig hergestellt: Es wird aus Erdöl, Kohle oder Erdgas gewonnen (Ausgangsprodukt: Rohbenzin (Naphtha) und ist ein synthetischer Kunststoff. Durch Zugabe von chemischen Zusatzstoffen entstehen verschiedene Kunststoffarten. Sogenannte „Weichmacher", Phthalate, machen das Plastik flexibel (zum Beispiel Bisphenol A). Flammschutzmittel sorgen dafür, dass es nicht brennen kann. Viele dieser chemischen Zusatzstoffe sind aber für die Umwelt giftig und können in die Luft entweichen. Diese Stoffe sind in Deiner Schule, Deinem Zimmer, Deiner Stadt und auf dem Land und wurden schon an den Polen nachgewiesen.

   Manche dieser chemischen Gifte (auch Scheinhormone genannt) können bei Menschen und Tieren schweren Schaden anrichten, durch krebserregende, erbgutverändernde und/oder fortpflanzungsgefährdende Eigenschaften. So haben Forscher bei Fischen und Meeresamphibien schwere Missbildungen an den Fortpflanzungsorganen entdeckt, die auf Weichmacher zurückzuführen waren. Phthalate sind bei fast jedem Menschen im Blut und Urin nachweisbar.

Quelle: Greenpeace kids, bund.net Achtung Plastik!, Wikipedia

WAS GENAU IST PLASTIK?
Wie wird Plastik hergestellt?

Die Einsatzmöglichkeiten für Plastik sind sehr groß, leider auch die Liste der Probleme und Risiken, die dieses Material mit sich bringt.

1. Wie wird Plastik benutzt?

   Brainstorme in der Gruppe.

   Mache eine Liste mit Produkten aus Plastik: Handy, Kugelschreiber, Spielzeug, Küchenhelfer, Plastiktüte, Plastikflasche..

   Identifiziere die Unterschiede nach leichtem/schwerem Plastik, durchsichtigem, beweglichem und starrem.

Plastik heizt das Klima an.

Die Plastikproduktion trägt erheblich zum Anstieg gefährlicher Treibhausgase bei.

Leider ist aufgrund des niedrigen Produktionspreises von Kunststoff aus Erdöl, die Plastikproduktion immer noch ansteigend. Die wachsende Produktion von Kunststoffen benötigt neue Infrastrukturen für fossile Rohstoffe (Öl, Gas, Kohle), Emissionen werden dadurch leider gesteigert. Man erwartet einen exorbitanten Anstieg der Produktion in den nächsten Jahrzehnten, was auch negative Auswirkungen auf den Müll in der Natur und in den Meeren zur Folge haben wird.

Um das Klima zu schützen und die gesetzten Klimaziele einzuhalten, brauchen wir mehr Alternativen zu Plastik.

Die globale Bewegung **Fridays for Future** klärt nicht nur Kinder, sondern auch Politiker und Erwachsene über den dramatischen Zustand des Klimawandels auf. Da Klima und der Ozean eng zusammenhängen, da der Ozean unter anderem 30% des CO_2 für uns reinigt und somit für die Sauerstoffproduktion dringend benötigt wird (siehe Kapitel: DER BLAUE PLANET), müssen wir den Ozean vor weiteren Umwelteinflüssen schützen.

1. Was findest Du zu dem Thema „blue carbon" im Internet.

1. Blue carbon:

   Mangroven (Seegras), Algen und Seetang, nehmen Kohlendioxid aus der Luft auf und halten dieses in ihren Wurzeln und Ästen, sowie über Jahrzehnte im Boden. Es ist wichtig, diese zu schützen, aufgrund ihrer besonderen reinigenden Funktion.

UNEP 2016, Marine Litter, Global Plastic Production. Plastics Europe (2018).
Plastikatlas (Heinrich Böll Stiftung, BUND)
Fridays for Future

WAS GENAU IST PLASTIK?
Wie wird Plastik hergestellt?

1. Wie wird eine Plastikflasche hergestellt?

Recherchiere im Internet.

1. 1-l-PET-Wasserflasche = 100 - 250 ml Erdöl, 80 g Kohle, 42 l Erdgas, 2 l Wasser!

   Der Prozess beginnt mit der Gewinnung des Rohmaterials und dem folgenden Transport des Erdöls und Kohle in die Fabrik. Dort werden bei der Produktion des Kunststoffes Plastikharze hergestellt, bei der auch Zusatzstoffe wie Weichmacher, Stabilisatoren, Farbmittel, Füllstoffe usw. zum Einsatz kommen.

   Danach wird in der Flaschenfabrik das Plastik zu Flaschen geformt. In der nächsten Station wird das Wasser abgefüllt und die Flaschen verpackt und etikettiert.

   Letztlich folgt der Transport in den Supermarkt und zum Endverbraucher, der das Wasser trinkt und die leere Plastikflasche in den Müll schmeißt.

   Ein großer Aufwand für 1 Liter Wasser aus der Plastikflasche.

Quelle: www.trademachines.de/info/abgefuelltes-wasser

WAS GENAU IST PLASTIK?
Makro- und Mikroplastik

© Anne Mäusbacher

1. Was bedeutet Makroplastik und Mikroplastik?

   Recherchiere.

2. Aus welchem Material besteht ein Fischernetz?

   Recherchiere im Internet.

---

1. Makroplastik: Plastikteile größer als 5 mm, wie Bojen, Fischernetze, Plastikflaschen, Plastiktüten, Joghurtbecher, Strohhalme.

   Mikroplastik: Plastikteile kleiner als 5 mm.

2. Fischernetze bestehen oftmals aus Nylon 6, was gerne für Kunststoff-Recycling für Textilien (Badeanzüge) herangezogen wird.

Quelle: Wirtschaftswoche 10.10.2013
www.wiwo.de/technologie/green/garn-aus-fischernetzen-jetzt-wird-aus-meeresmuell-kleidung/13547386.html

WAS GENAU IST PLASTIK?
Makro- und Mikroplastik

1. Was ist Mikroplastik?
   - primäres
   - sekundäres
2. Wie groß ist es?
3. Woher kommt es?
4. Woran erkennt man es?
5. Wo wird es gefunden?

Recherchiere im Internet.

© Bette Booth, Splash Trash Tour

Starte mit Video 11
Plastik in Kosmetik? Ein großes Problem (1:45 min)
und Video 13
Mikrokugeln - verstecktes Plastik - Mikroplastik (2:11 min)
www.beachcleaner.de/deutsch/kids-for-the-ocean/videos

© Anne Mäusbacher

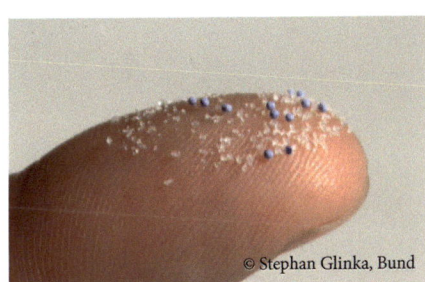
© Stephan Glinka, Bund

1. Primäres Mikroplastik: industriell hergestellte Pellets oder auch Granulat/Mikrokugeln für z.B. Kosmetik- und Körperflegeprodukte. Sekundäres Mikroplastik: durch Sonnenlicht, Wellen und Salzwasser klein gewaschenes Makroplastik, z. B. der Rest einer Plastikflasche.
2. Mikroplastik: Plastikteile kleiner als 5 mm.
3. Die Pellets gelangen als Industrie-Abfall/-Abwasser und durch, während des Transportes über den Seeweg, umgekippte Container in den Ozean.
4. Es besteht optisch kaum ein Unterschied zwischen weißen kleinen Pellets, verschiedenfarbigem Mikroplastik und kleinen Steinchen.
5. Es wird an den Strand zurückgespült (siehe Spülsaum) und auch in Muscheln, Krebsen und Zooplankton gefunden. Aufgrund seiner Oberflächeneigenschaft wirkt es wie ein Magnet auf Umweltgifte, die im Meer gelöst sind. Die Tiere nehmen das Mikroplastik mitsamt den Giften auf, problematisch dabei sind die enthaltenen Weichmacher (wie Bisphenol A), die wie Hormone wirken.

WAS GENAU IST PLASTIK?
Makro- und Mikroplastik

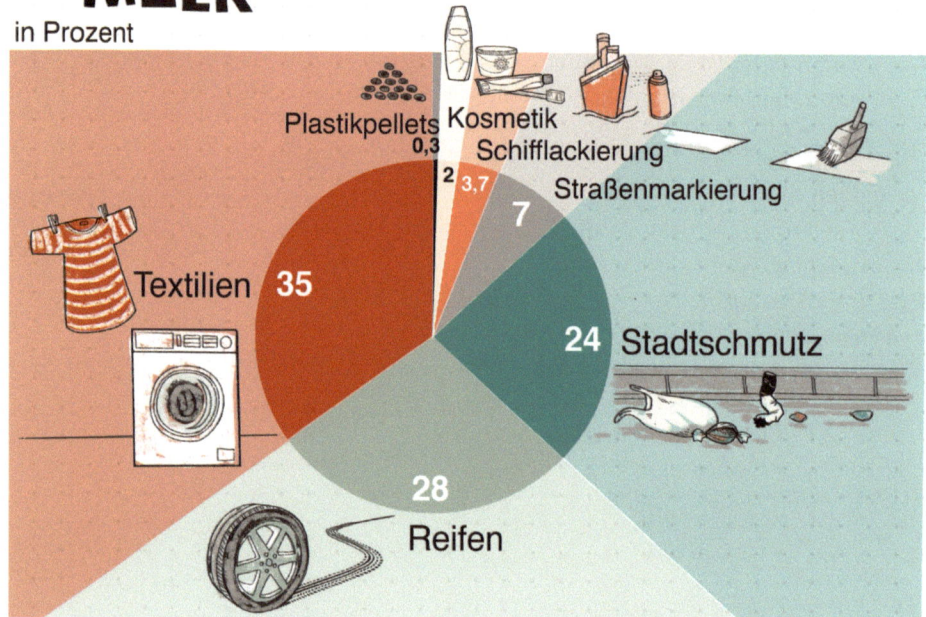

URSPRUNG des MIKROPLASTIKS im MEER
in Prozent

- Plastikpellets 0,3
- Kosmetik 2
- Schifflackierung 3,7
- Straßenmarkierung 7
- Textilien 35
- Stadtschmutz 24
- Reifen 28

1. Sogar durch Schiffslackierungen und Straßenmarkierungen gelangt Mikroplastik ins Meer. Diskutiere in der Gruppe den Ursprung des Mikroplastiks im Meer.

2. Durch den Abrieb der Autoreifen auf der Straße entstehen Mikropartikel, die mit Regen in Abwasserkanäle, Bäche, Flüsse und schließlich ins Meer gespült werden.

Gibt es hierzu Lösungen? Was bedeutet das für Dich als Verbraucher?

1. Illustration
2. Generell sollte ein Umdenken stattfinden, um den Abrieb der Autoreifen zu reduzieren. Dies kann z. B. angeregt werden durch: Car-Sharing-Modelle, Nutzung des öffentlichen Personennahverkehrs oder Umsteigen auf Fahrradfahren. Es gibt inzwischen Überlegungen, die Geschwindigkeitsbegrenzung herabzusetzen und weniger Autos generell am Tag zuzulassen, das würde die Menge an Plastik, die sich vom Reifen auf dem Asphalt löst, etwas reduzieren können.

WAS GENAU IST PLASTIK? 67
Makro- und Mikroplastik

Die Mode und Bekleidungs-Industrie trägt bei der Herstellung der Produkte zu einem erheblichen Anteil an der Verschmutzung des Planeten bei.

Aber auch beim Waschen von Textilien, wie z. B. Hosen, Jacken, T-Shirts, die aus synthetischem Stoff hergestellt wurden, werden winzige Fasern freigesetzt, die ungefiltert über die Klärwerke ins Meer gelangen.

Plastikfaser im Abwasser; kleiner als 0,04 Millimeter

POLYESTER (PL, PES, PET)
POLYAMID (PA)
POLYETHYLEN (PE)
POLYPROPYLEN (PP)
POLYURETHAN / ELASTHAN / LYCRA (EL)

1. Was ist Mikrofaser?
2. Was ist das Problem?
3. Was bedeutet das für Dich als Verbraucher?

Dazu gibt es ein kurzes Filmmaterial
Video 14
Mikrofasern - löst sich aus Plastikkleidung. The Story of Microfibers (2:46 min)
www.beachcleaner.de/deutsch/kids-for-the-ocean/videos

> 1. Mikrofasern sind also Plastikfasern (Kunstfasern werden aus Erdöl, wie Plastik, hergestellt). Ein Drittel des Mikroplastiks, das im Meer landet, stammt aus Kunstfasern, etwa Polyester, das bei der Herstellung unserer Kleidung benutzt wird.
>
> 2. Die Mikrofasern gelangen durch Waschmaschinen-Abwässer über die Kläranlagen ins Meer, da sie kleiner als 0,04 Millimeter groß sind und keine bisherigen Filter diese kleinen Fasern aufhalten können (z. B. von Fleece-Jacken). Die Fasern bleiben uns jahrhundertelang im Meer erhalten, da sich diese nur sehr langsam auflösen.
>
> 3. Es ist besser, auf Bekleidung aus natürlichen Materialien, wie Hanf, Baumwolle, Wolle, Kapok, Brennessel, Leinen, Tencel, Naturkautschuk oder Seide zurückzugreifen. Es gibt jede Menge tier- und umweltfreundliche Textilstoffe und diese sind weniger oder kaum bedenklich für das Meer. Außerdem sollte Wert auf die Langlebigkeit der Kleidung gelegt werden (Vintage, Second Hand). Je länger ein Produkt getragen werden kann, desto weniger muss gekauft werden und desto weniger Ressourcen werden verbraucht und verschwendet.

https://storyofstuff.org/movies/story-of-stuff/
https://storyofstuff.org/movies/story-of-microfibers/

WAS GENAU IST PLASTIK?
Makro- und Mikroplastik

Es ist erschreckend, dass bis zu 99 % aller Pflegeprodukte nicht nur in Plastik angeboten und verpackt werden, auch der Inhalt hat oftmals einen Mikroplastik-Anteil.

Als Verbraucher sind wir manchmal ziemlich überfordert mit der Recherche über Inhaltsstoffe von Lebensmitteln oder Pflegeprodukten.

Primäres Mikroplastik **findet sich fast überall**

© codecheck

Plastik ist ein billiger Verpackungs- und auch Füllstoff (z. B. für Peelings), auf den viele Hersteller nicht verzichten wollen, auf die Folgen dieses Inhaltsstoffes wird leider nicht aufmerksam gemacht.

In einem Peeling sind ca. 300.000 Mikroplastikkügelchen nachgewiesen worden, die über die Abwässer ihren Weg ins Meer finden, kein Filter kann diese mehr aufhalten. Dort werden die kleinen Partikelchen von den Meerestieren mit Nahrung verwechselt (**siehe Kapitel *Der Ozean ist in Gefahr***).

Weichmacher: Bei der Zersetzung von diesen Mikroplastikkügelchen, aber auch bei größeren Plastikteilen im Salzwasser, werden sogenannte Pthalate (Weichmacher) freigesetzt. Weichmacher, wie Bisphenol A, sind gesundheitsschädigend.

Phtalate beeinflussen unser Hormonsystem und werden leider bereits im menschlichen Blut nachgewiesen. Allergien, Gewichtszunahmen, Asthma, Herzerkrankungen und Diabetes zählen zu den häufigsten Folgen. Das genaue Ausmaß der Plastiknutzung und chemischer Zusätze, wie Weichmacher, auf unsere Gesundheit, wird erst nach und nach entdeckt.

WAS GENAU IST PLASTIK?
Makro- und Mikroplastik

1. Analysiere deine Pflege- und Kosmetik-Produkte, indem Du die Inhaltsstoffe auf der Verpackung zunächst versuchst zu lesen und zu verstehen.
2. Frage in Deiner Drogerie nach, warum alles in Plastik verpackt wird, anstatt im Glas? Wie reagieren die Verkäufer? Geben Dir die Verkäufer Alternativen? Teile Deine Erfahrungen in der Gruppe.

1. Folgende Plastikarten werden oft in Hygiene- und Pflegeprodukten verwendet, das bedeutet Mikroplastik beinhaltet dieses Produkt:

   - Polyethylene (PE)
   - Polypropylene (PP)
   - Polyethylenterephthalat (PET)
   - Polymethyl methacrylate (PMMA)
   - Nylon -6 oder Nylon -12
   - Polyamid
   - Acrylates Copolymer (AC)
   - Acrylates Crosspolyer (ACS)
   - Polyurethan (PUR)
   - Ethylen-vinylacetat-copolymere (EVA)
   - Polyquaternium-7 (P-7)

   Über einen Barcode-Leser der kostenlosen Smartphone APPs können die Inhaltsstoffe gelesen werden sowie Alternativen angeboten werden. Probiert es gemeinsam aus.

   - Codecheck
   - Toxfox
   - Beat the microbead

Quelle: Smartphone APPs hier: www.bund.net/chemie/toxfox   www.codecheck.info   www.beatthemicrobead.com

WAS GENAU IST PLASTIK?
Makro- und Mikroplastik

Den Sandkörnern auf der Spur

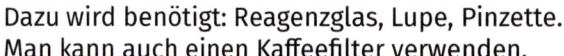

1. Hast Du schon einmal den Sand mit einem Sieb am Strand (oder Flusswasser) genauer untersucht? Versucht eine Probeentnahme in der Gruppe.
   Dazu wird benötigt: Reagenzglas, Lupe, Pinzette.
   Man kann auch einen Kaffeefilter verwenden.

2. Ein ähnliches Experiment bietet sich mit Zahnpasta, Duschgel oder einem Peeling an:
   - Den Inhalt des Produkts in den Filter geben und Wasser darüber schütten.
   - Dann warten, bis das Wasser durchgelaufen ist und ggf. mit einem Löffel nachhelfen.
   - Die Rückstände im Filter geben Aufschluss über den Inhalt des Produkts. Wenn z. B.: blaue Mikropartikel sichtbar werden, erkennt man das giftige Plastik.
   - Das Produkt sollte nicht mehr verwendet und direkt in den Hausmüll entsorgt werden.

3. Besuche das Klärwerk und frage, ob das Mikroplastik herausgefiltert werden kann. Was müsste geschehen, um die erfolgreiche Filterung möglich zu machen?

Teile Deine Ergebnisse im Klassenverband.

© Samantha Runkel

Mikroplastik ist so klein, das es die bisherigen Filter der Klärwerke leider nicht herausfiltern können und es somit im Meer landet.

4. Auf der nächsten Seite gibt es eine Anleitung für ein großes Sieb, das mit an ein sandiges Ufer genommen werden kann. Auch dort lässt sich bereits Mikroplastik herausfiltern.

WAS GENAU IST PLASTIK?
Makro- und Mikroplastik

BAUANLEITUNG

1. Vier 30cm lange Holzteile aus der Holzlatte sägen.
2. Die Holzteile als Rechteck zusammensetzen und an den Ecken verschrauben oder zusammennageln.
3. Das Netz straff über den Rahmen ziehen und an den Seiten umklappen.
4. Umdrehen und mit Gewebeklebeband am Holzrahmen fixieren.
5. Zusätzlich das Netz mit Silikon verkleben.

Ein Mikroplastik-Sieb zum Selber-Machen

Benötigtes Material:
Netz (Maschenweite 1mm, z.B. ein Fliegengitter), Holzlatte (120cm lang, ca. 1,5cm breit), Säge, 4 Nägel oder Schrauben, Hammer oder Schraubenzieher, Silikonkleber, Gewebeklebeband

WAS GENAU IST PLASTIK?
Makro- und Mikroplastik

1. Welche Alternativen gibt es zur Kosmetik, in der Plastik verwendet wird?

   Recherchiere bei einem Besuch in Deiner Drogerie nach alternativen Pflegeprodukten. Was hast Du gefunden, welche Materialien kannst Du empfehlen? Teile es im Klassenverband.

2. Kann man selber Pflegeprodukte herstellen? Was benötigt man dazu? *Recherchiere im Internet.*

1. Alternativen sind zertifizierte Naturkosmetik ohne Mineralölprodukte.
2. Tabelle: Inhalte aus Naturkosmetik zum Selbermachen (DIY).

Mildes Peeling Zutaten (Gesicht)	Stärkere Peeling Zutaten (Haar & Körper)
Jojoba	Aprikosenschale
Mandelkleie	Walnussschale
Bimssand	Pfirsichkern
Geriebene Kokosnuss	Kakaobohne
Kristallzucker	Kokosnussschale
Preiselbeeren-Samen	Gemahlener Kaffee
Haferflocken	Maiskolben
Bitterorangen-Schale	
Himbeer-Samen	

Pures Kokosöl, als Maske, Pflege und Basis für diverse DIY Rezepte

© Samantha Runkel

Inzwischen kann man sehr einfach Kosmetik selber machen. Dies hat den Vorteil, dass man genau weiß, welche Inhaltsstoffe es gibt und dass keine chemischen Zusätze oder sogar Giftstoffe enthalten sind. Siehe natürliche Inhaltsstoffe in der Tabelle.

Rezepte gibt es im Kapitel *Was kannst Du tun – Verstehen & Verändern*.

WAS GENAU IST PLASTIK?
Wie lange besteht Plastik

1. Was heißt Photodegradation?
2. Ist Plastik biologisch abbaubar?

   Recherchiere im Internet

1. Photodegradation: Im Sonnenlicht wird das im Salzwasser schwimmende Plastik verkleinert und bricht in kleine Teilchen (Metalle und Keramiken sind nicht betroffen). Das Plastik im Meer löst sich also auf und wird immer kleiner; wie lange das dauert, sieht man in der Illustration.
2. Plastik löst sich z. T. erst nach sehr langer Zeit auf und fällt daher nicht unter biologisch abbaubar, wie eine Bananenschale. Es gibt aber inzwischen Bioplastik, darüber erfährst Du auf den nächsten Seiten.

Plastikzersetzung im Meer:
- Papier-Zeitung: 4 - 6 Wochen
- Baumwoll-Handtuch: 6 Monate
- Plastiktüte: 10 - 20 Jahre
- Getränkedose: 200 Jahre
- Alu-Dose: 50 Jahre
- Plastikflasche: 450 Jahre
- Sixpack-Ring/Flaschenhalter: 400 Jahre
- Einweg-Besteck 20 - 1.000 Jahre
- Fischernetz, Angelschnur: 600 Jahre
- Apfel-Kerngehäuse: 2 Monate
- Wegwerfwindel: 450 Jahre
- Pappkarton: 2 Monate
- Baumwollshirt: 2 - 5 Monate
- Tetrapak: 100 Jahre
- Sperrholz: 1 - 3 Jahre
- Wollsocken: 1 - 5 Jahre
- Zigarettenkippen: 1 - 5 Jahre
- Styropor/To-Go-Becher: 50 Jahre

Der Party-Ballon zersetzt sich niemals!

WAS GENAU IST PLASTIK?
Wie lange besteht Plastik?

Zersetzung von Plastik: Mit dem Spiel *Himmel & Hölle* erlernt man sehr schnell, wie lange das Plastik braucht, bis es sich zersetzt.

Das Viereck bitte an der Linie ausschneiden und dann Faltanleitung beachten.

WAS GENAU IST PLASTIK?
Wie lange besteht Plastik?

beach cleaner Memory
Hier kannst Du spielerisch die Abbauzeit von Plastik erlernen.

© Anne Mäusbacher

© Stephanie Kurz

https://www.codecheck.info/news/Wie-lang-braucht-Abfall-um-zu-verrotten-293241

WAS GENAU IST PLASTIK?
Wie lange besteht Plastik?

 Du kannst Dir auch selber ein Memory basteln und mit Deiner Familie oder Schulkameraden spielen.

- Hierzu kannst Du einen überflüssigen Wurf-Prospekt, einen Möbel- oder Spielzeug-Katalog verwenden oder eben selber zeichnen.
- Achtung: Von den Prospekten braucht man immer zwei!
- Dann werden die Bilder auf einen alten Karton geklebt. Wichtig: Die Rückseite muss einheitlich sein.
- Dann werden die Teile ausgeschnitten. Fertig!
- Als inhaltliche Anregung für die Memory Karten, lese mehr über die Dauer der Plastikzersetzung auf S. 73 nach.

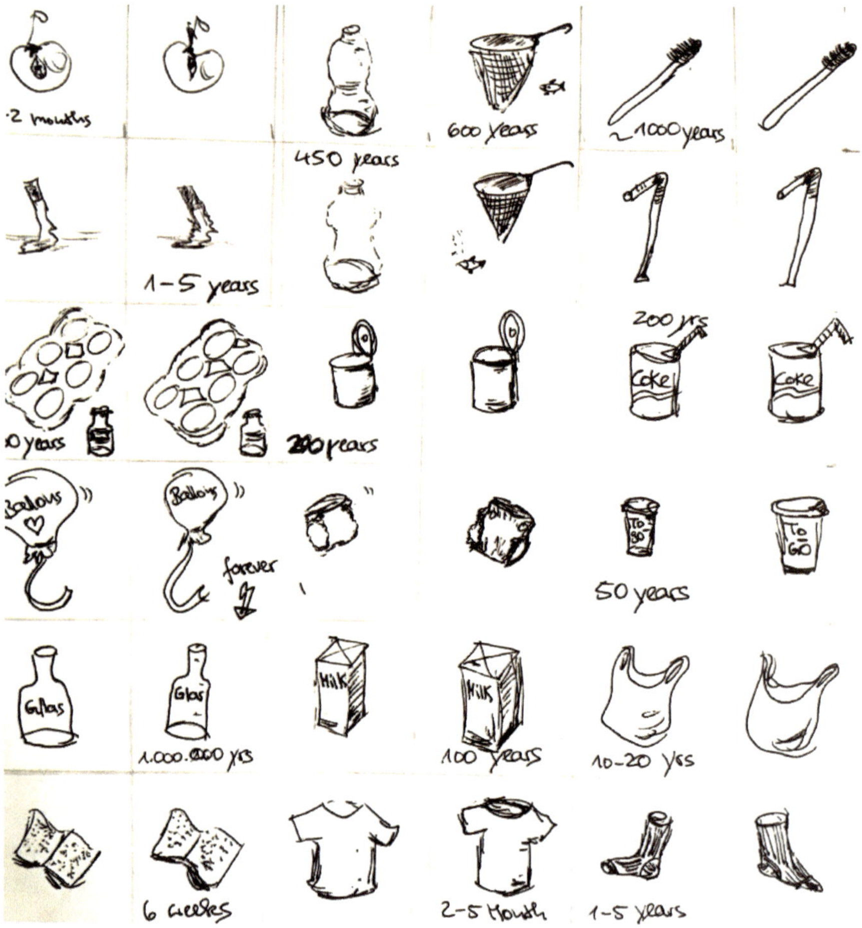

WAS GENAU IST PLASTIK?
Bioplastik

1. Plastik, das biologisch abbaubar ist, kann auf unterschiedlicher Rohstoffbasis beruhen:

   - **Ein Kunststoff auf Mineralölbasis** wird chemisch so aufbereitet, dass er als Abfall, durch Bakterien, Sonnenlicht und Wasser, mehr oder weniger abgebaut werden kann.

   - **Plastik aus nachwachsenden Rohstoffen** (Naturprodukten):
     - z. B. Gummi aus dem Kautschukbaum (Saft des Baumes),
     - Fasern, die aus Zellulose (Celluloseacetat) gewonnen werden,
     - Milcheiweiß (Polyhydroxybuttersäure (PHB) und Polymilchsäure (PLA).

© Anne Mäusbacher

2. Gibt es Nachteile zu Bioplastik?

   Recherchiere im Internet.

---

1. **Vorteile von Bioplastik:**
   - Biologisch abbaubar, daher nur kurzfristig als Müll umweltbelastend (z. B. eine Bioplastikfolie aus Maisstärke wird nach zwei Monaten porös; Folie aus Polyethylen bleibt mehrere Jahrzehnte erhalten).
   - Es entsteht kein Mikroplastik.
   - Kann aus nachwachsenden statt fossilen (erdölbasierten) Ressourcen hergestellt werden.

2. **Nachteile von Bioplastik:**
   - Bisher energieintensive Produktion.
   - Kann Anbau von z. T. schädlichen Monokulturen, z. B. Bambus, Mais, fördern.
   - Tiere können sich an Bioplastik verletzen oder darin ersticken – bevor es verrottet.
   - Müllsortieranlagen können Mülltüten aus Bioplastik nicht von Plastikmülltüten unterscheiden und ordnen sie dem Hausmüll zu.
   - Wertvolle Lebensmittel und Ackerland für die Produktion von Wegwerfartikeln aus Bioplastik zu nutzen, ist unethisch.
   - Bioplastik kann nur manche Kunststoffe ersetzen, da die Beschaffenheit anders ist als bei erdölbasiertem Plastik. Viele Bioplastiksorten verrotten nur bei hohen Temperaturen (z. B. 40 - 50 °C) die deutlich über den Temperaturen im Ozean liegen, bzw. in der Natur und im Komposter.

---

https://www.bund.net/themen/chemie/achtung-plastik/alternative-bioplastik/

WAS GENAU IST PLASTIK?
Bioplastik

Fazit:

Bioplastik ist leider nicht die Lösung der Plastikproblematik.

Um Bioplastik herzustellen müssen erst einmal pflanzliche Rohstoffe erzeugt werden, dafür werden neben der Nahrungs- und Futtermittelherstellung, Böden, Dünger und Pflanzenschutzmittel verbraucht. Letztendlich wird Bioplastik aus Nahrungsmitteln hergestellt.

Eine Bioplastik-Tüte braucht zum einen sehr viel Energie in der Herstellung, und der Abbau des Bioplastiks braucht viel länger als das übrige Kompostwerk in der Tonne. Für eine Zersetzung benötigt es viel wärmere Temperaturen als gegeben.

Achtung: Bioplastik macht nur Sinn, wenn es getrennt recycelt werden kann. Bioplastik darf nicht in die Biotonne oder den Gelben Sack, sondern doch nur in den Restmüll.

Für wertige, langlebige Produkte, bei denen Kunststoff nicht ersetzt werden kann, kann Bioplastik aber eine Alternative darstellen.

Daher: Hinterfragt Euren Konsum und steigt auf nachhaltigere Alternativen um, wie zum Beispiel:

- Glasgefäße
- Stoffbeutel und
- Holz- bzw. Naturprodukte (z. B. Bambus)

1. Überlege Dir eine Alternative zu einer Plastik-Brotbox. Aus welchem Material könnte das sein?

2. Recherchiere nach Plastikalternativen oder etwas aus Bioplastik. Kleiner Tipp: Suche nach „Surfboard aus Pilzen".

1. Alternativen zur Plastik-Brotbox gibt es bereits aus Bambus, Kaffeesatz, Hanf und Maisstärke.
2. www.biofutura.com/de/blog/leoplast-kombiniert-karton-und-bioplastik-in-kosmetikverpackungen/
www.biofutura.com/de/blog/ein-surfboard-aus-pilzen

WAS GENAU IST PLASTIK?
Kann Plastik recycelt werden?

Anhand dieser Codes soll das Recycling-Verfahren vereinfacht werden.

Abkürzung	Vollständiger Name	Recycling Nummer	Einsatz
PET (PETE)	Polyethylene-terephthalat	1	Getränkeflaschen, Erdnussbutter-Glas, Fertig-Salat, Süssigkeiten-Verpackung, Kosmetika
PES	Polyester	1	Polyester-Kleidung
PE	Polyethylene	2 4	Plastiktüten, Folien, Plastiktüten, einige Flaschen
HDPE	High-density Polyethylene	2	Shampoo, Duschgel, Eiscreme, Waschmittelflaschen
PVC *sehr schädlich*	Polyvinyl chloride	3	Kosmetik-Flaschen, Abflussrohre, Spielzeug, Schwimmreifen, Schlauchboote, Dichtungen
LDPE	Low-density Polyethylene	4	Ketchup-Plastikflasche, Tuben (zum Drücken)
PP	Polypropylene	5	Strohhalme, Chipstüten Plastiktüten
PC *sehr schädlich*	Polycarbonat	7	CD-Hüllen, Video-Hüllen, Lebensmittelaufbewahrungsbehälter
(E)PS	Polystrol	6	Plastik-Besteck, Take-away-Verpackung, To-go-cups, Styropor-Verpackungen
PA	Polyamide (Nylon)	7	Zahnbürsten, Nylon-Kleidung
PU	Polyurethan (PU)	Recycling schwierig	Textilfaser Elastan, Schaumstoff-Matratzen, Autositze, Dämmstoffe

Plastik Abkürzungen und Recycling Codes

1. Gibt es unterschiedliche Codes in anderen Ländern (Nachbarländer, Entwicklungsländer)?

   Recherchiere und erörtere evtl. Herausforderungen in der Gruppe.

2. Gibt es Recyclingcodes für Metalle und Papier?

---

1. Die Codes müssen Standard sein. Zumindest die chinesischen Codes sind gleich, das macht auch Sinn, denn dort wird global produziert und recycelt.
2. Ja, gibt es z. B. www.tabelle.info/recycling_code.html
   de.wikipedia.org/wiki/Recycling-Code

WAS GENAU IST PLASTIK?
Kann Plastik recycelt werden?

1. Nur geringe Mengen werden recycelt, recherchiere wieviel Prozent?
2. Was passiert sonst mit dem Müll?

© Anne Mäusbacher

1. Die Recyclingquoten liegen zwischen 3 % und 12 % weltweit betrachtet. Es gibt Länder wie Deutschland, die eine durchschnittliche Recyclingquote bei Kunststoffen von 35 % angeben (dafür gibt es sogar eine gesetzliche Quote) und diese auf 66 % (2020) anheben wollen (bei Glas, Blech, Papier möchte man sogar 90 % erreichen). In der Gesamt-EU werden 27 % recycelt. Recyclingquoten variieren: Glas und Papier liegen bei 80 %, Kunststoffgemische liegen bei 12 %.

2. Das deutsche Recyclingsystem gilt als Vorreiter, doch die offiziellen Zahlen zu den wiederverwerteten Rohstoffen werden von Kritikern bemängelt.

   Dazu zählte nämlich auch Abfall, der später verbrannt oder nach China verschifft werde. Deutschland verkauft einen Großteil des Mülles zum Recycling nach Asien. China allerdings stoppt seit Anfang 2018 nun den Import des Mülls aus dem Ausland, d. h. es müssen neue Lösungen der Müllverwertung im Inland besprochen und eingerichtet werden.

   Mehr im Kapitel *Der Ozean ist in Gefahr – Wohin gelangt unser Müll?*

Quelle: Umweltbundesamt, Greenpeace, Süddeutsche Zeitung , BR Faktenfuchs
www.sueddeutsche.de/wissen/muell-kreislauf-das-deutsche-recycling-maerchen-1.3491734

WAS GENAU IST PLASTIK?
Kann Plastik recycelt werden?

1. Wie wird eine Plastikflasche recycelt?

   Findest Du einen Prozess? Recherchiere im Internet.

   Gestalte eine Collage dazu, die den Recyclingvorgang illustriert.

1. Einerseits ist es interessant, aus den benutzten PET-Flaschen noch etwas herstellen zu können, wie Fleece-Decken, Handschuhe oder Zelte. Andererseits ist der Aufwand beim Recycling von PET-Flaschen sehr groß und verbraucht viel Energie und Wasser. Dennoch ist Recycling besser, da es den Lebenszyklus von Plastik verlängert und kein neues Plastik hergestellt werden muss.

   Ablauf: Die leere Plastikflasche wird nach Gebrauch in den Mehrweg-Container geworfen, danach zusammengepresst und in Ballen in Recyclinganlagen gebracht, nach Farbe sortiert und gewaschen. Nachdem sie zu kleinen „Flakes" zerkleinert wurde, wird sie erneut in einer Lauge gewaschen. Die Flakes werden eingefärbt und zu dünnen Fäden verarbeitet. Für einen Turnschuh werden etwa 11 PET-Flaschen benötigt, für eine Decke aus Polyester ungefähr 16 PET-Flaschen.

   Neue Flaschen werden nur aus einem Viertel der alten PET-Flaschen hergestellt. Die Plastikflaschenverschlüsse sind aus einem anderen Typ Plastik und werden so gut wie gar nicht recycelt. Sie werden leider in den Magen der Seevögel gefunden.

   Generell: Am besten nur noch Wasser aus Glasflaschen konsumieren.

Zunächst klingt es viel, dass 93 % recycelt wird, d. h. aber nur, dass die Flaschen in einen Recyclingprozess zurückgehen, denn nur 25 % werden in Deutschland wieder zu PET-Flaschen und der große Restanteil wird minderwertig verarbeitet oder verbrannt.

Quelle: Trademachines, abgefülltes Wasser
www.trademachines.de/info/abgefuelltes-wasser/

AUSWIRKUNGEN AUF GESUNDHEIT & ÖKOSYSTEME

© Anne Mäusbacher

AUSWIRKUNGEN AUF GESUNDHEIT & ÖKOSYSTEME   83

1. Wo könnte das sein?
2. Woran liegt es, dass der Strand so vermüllt ist?

   Recherchiere, woran das liegen könnte.

1. Los Zorros Beach, in Jiquilillo, Nicaragua

2. „Nicaragua ist ein sehr armes Land und es gibt kein lokales Müllmanagement, wie wir es in Deutschland gewohnt sind. Im Moment testet man einen zweiwöchentlichen Beach-Clean-Up. Wenn nicht genügend Müll zusammenkommt, wird die Aktion auf zweimal im Jahr zurückreduziert und es wird wieder am Strand verbrannt, was große Auswirkungen auf Gesundheit, die Tierwelt und Natur hat.

   In dieser Region gibt es viele Schildkröten, die unbedingt geschützt werden müssen. Im Moment wachsen diese an verdreckten Stränden auf, verheddern sich schon als kleine Babys und schaffen manchmal den Weg ins Meer gar nicht oder nur erschwert aufgrund des Plastikmülls. Die Kinder sind sehr aufgeschlossen und räumen gerne den Strand auf."

Julie-Sophie Tremblay, Projekt Littora, Canada

AUSWIRKUNGEN AUF GESUNDHEIT & ÖKOSYSTEME
Plastik in unserem Körper

Haushalts- und Verpackungsabfälle, wie Lebensmittelumverpackungen, stellen einen großen Teil unseres Hausmülles dar.

Studien haben gezeigt, dass in unserem Blut und Urin mittlerweile Bestandteile von Plastik nachgewiesen werden können.

Chemikalien lösen sich aus dem Kunststoff und gelangen in unseren Körper. Phthalate werden vor allem als **Weichmacher** für Kunststoffe eingesetzt.

Diese werden aufgenommen über

- die Atmung („Luftmatratzengeruch")
- die Haut (Schlauchboot, PVC-Boden, Lippenstift, Nagellack, ...)
- die Nahrung (in Plastik eingeschweißte Lebensmittel und Fertiggerichte)
- den Mund (vor allem Spielzeug für Kleinkinder, Babys, aber auch durch Plastikstifte im Mund!)
- pharmazeutische Produkte (überzogene Tabletten, Schläuche, Katheter, ...)

Die verschiedenen Phthalate haben unterschiedliche Wirkungen auf den Organismus. Als **Endokrine Disruptoren** (EDC) werden Stoffe (Chemikalien) bezeichnet, die durch Veränderung des Hormonsystems (welches alle Stoffwechselvorgänge steuert) die Gesundheit schädigen können. Dies kann zur Folge haben:

- Erbgutverändernde und fortpflanzungsgefährdende Eigenschaften, wie Zeugungsunfähigkeit und Unfruchtbarkeit
- Krebs
- Fettleibigkeit
- Allergien und
- Asthma.

  1. Wer mehr wissen möchte, sucht im Internet nach Bisphenol A

> 1. Die Chemikalie Bisphenol A (BPA, das A steht für Aceton) ist eine der meistproduzierten Industriechemikalien und dient als Weichmacher für die Herstellung von Polycarbonat (PC).
>
> - BPA ist überall in der Umwelt nachzuweisen, z. B. in der Luft, im Hausstaub, im Meerwasser, im Trinkwasser aus Kunststofftanks, ebenso im menschlichen Körper (Urin, Blut, Fruchtwasser, Gebärmuttergewebe, im Blut der Nabelschnur).
>
> - Die Giftstoffe sind nicht nur im Fisch, sondern auch in Honig, Bier, Mineralwasser, Kosmetik u. a. vorhanden. Auch für die Innenbeschichtung von Milchtüten und Konserven wird BPA eingesetzt.

Quelle: Umweltbundesamt, Wikipedia

AUSWIRKUNGEN AUF GESUNDHEIT & ÖKOSYSTEME
Plastik in unserem Körper

1. **Warum ist Bisphenol A (BPA) nicht verboten in der EU oder weltweit?**

   Recherchiere, was Du darüber finden kannst.

1. Die Europäische Behörde für Lebensmittelsicherheit (EFSA) passt den viel zu hohen Grenzwert von BPA nicht an, obwohl zahlreiche Studien die Gesundheitsgefährdung durch BPA belegen.

   Seit Sommer 2011 dürfen keine Baby-Plastikflaschen mit BPA verkauft werden. Das ist aber nicht ausreichend und muss dringend auf alle Kinderprodukte, Lebensmittelumverpackungen etc. ausgedehnt werden.

   Zudem geht es nicht nur um den Weichmacher BPA, es gibt sehr viele ähnliche chemische Stoffe, die die gleichen hormonverändernden Wirkungen und Schädigungen mit sich bringen.

   REACH, das erste europäische Chemikaliengesetz
   Seit Juni 2007 ist die EU-Chemikalien-Verordnung in Kraft, mit dem Ziel, den Schutz der menschlichen Gesundheit und der Umwelt zu verbessern. REACH verpflichtet die Hersteller zu Transparenz der Inhaltsstoffe, man kann dort nachfragen, um Auskunft über besonders gefährliche Stoffe zu erhalten.

2. **Was beinhaltet ein herkömmlicher Kaugummi?**

3. **Gibt es Alternativen?**

   Recherchiere im Internet.

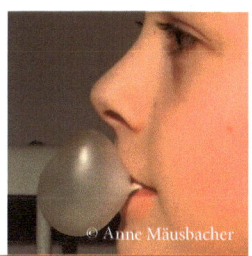
© Anne Mäusbacher

2. Kaugummis bestehen aus Plastik, ein künstlicher Stoff, der sich nicht abbaut.

   Inhalte: Petrochemische Substanz, thermoplastische Kunststoffe, wie Polyisobutylen and Polyvinylacetat, Antioxidationsmittel BHA (Butylhydroxyanisol, E 320),

   50 - 70 % Zucker, Aluminiumoxid und Titanium Dioxid (der Stoff der Zahnpasta und Kaugummis hell macht) u.a.

   Somit bleiben uns die Plastikkaugummis Jahrhunderte erhalten, wenn sie in die Natur gespuckt werden, oder in der Mülldeponie landen.

3. Alternative Kaugummis aus Kautschuk sind biologisch schneller abbaubar. Bei meiner Recherche fiel mir der Chizca Kautschuk Kaugummi auf, definitiv eine Alternative, nur leider kommt die Verpackung nicht ganz plastikfrei.

   Vielleicht findet Ihr eine noch bessere Alternative?

Quelle: www.reach-info.de   www.bund.net/giftfrage   Greenpeace - www.chicza.com
U. a. wurde diese Liste veröffentlicht „substitute it now" www.sinlist.org

AUSWIRKUNGEN AUF GESUNDHEIT & ÖKOSYSTEME
Plastik in unserem Körper

© Alekss

UNBEDINGT VERMEIDEN!

- Es gibt hartes und weiches PVC.
  Weiches PVC besteht meist aus schädlichen Weichmachern (Phthalaten). Produkte aus PVC (Polyvinylchlorid) und PC (Polycarbonat) bitte meiden und gleich in die Recycling Tonne werfen, das gilt auch für Küchenutensilien mit dem Recyclingcode 7, PC.

- Wenn Euer Haushalt noch eine Mikrowelle hat, bitte keine Lebensmittel in Plastikgefäßen erhitzen (auch nicht im Ofen). Durch die Hitzeentwicklung können sich Giftstoffe aus dem Plastik lösen. Besser Porzellan oder Steingut verwenden, was dafür vorgesehen ist.

- Spielwaren aus Fernost (z. B. „made in China") riechen besonders oft und auffällig stark nach Kunststoff. Dies kann man an einer speckigglatten Oberfläche erkennen. Bitte unbedingt meiden.

1. Viele Alltagsprodukte enthalten Phthalate.

   Recherchiere, welche Produkte Weichmacher enthalten.

2. Gibt es Alternativen?

1. Viele „Weich-PVC"-Produkte wie Duschvorhänge, Wickelunterlagen, Kinderspielzeuge, Gymnastikbälle, Turnmatten, abwaschbare Tischdecken, Vinyl-Handschuhe, Regenkleidung, (Lebensmittel-)Verpackungen, Auto-Innenverkleidung, Kunstleder, Lacke, Farben, Klebstoffe, Kosmetika, Tablettenkapseln und Plastikzehensandalen enthalten meist zinnorganische Verbindungen (manche hochgiftiges Tributylzinn (TBT), absolut schädlich für Immun- und Hormonsystem.

2. Alternativen:
   - Duschvorhang/Tischdecke aus gewachster Baumwolle oder wasserdichtem PEVA (PVC-frei).
   - Kork, Linoleum, Holz oder Kautschuk bei Bodenbelägen (anstatt PVC-Boden).
   - Für Plastikzehensandalen gibt es Kautschuk-Alternativen.

Quelle: Achtung Plastik! www.bund.net

AUSWIRKUNGEN AUF GESUNDHEIT & ÖKOSYSTEME
Plastik in unserem Körper

5-10 % Polyprophylen (von Deckel) und PET (von Flaschenwand) wurde im abgefüllten Wasser nachgewiesen

120 Mikroplastikpartikel pro Liter Mineralwasser

© thodonal

UNBEDINGT VERMEIDEN!

1. PET in Plastikflaschen (Polyethylenterephthalat) gibt nach und nach das gesundheitsschädigende Acetaldehyd ab.
2. Forscher der Universität in Frankfurt a. M. haben zudem entdeckt, dass PET-Flaschen hormonell wirksame Stoffe abgeben. Wissenschaftlern des Chemischen Untersuchungsamts in Münster ist jetzt sogar der Nachweis von Mikroplastik in Mehrwegflaschen aus PET gelungen. Pro Liter Wasser werden 120 Mikroplastikpartikel durch das Trinken aufgenommen, die sich von Deckel und Flaschenwand lösen.
3. Eine recycelte Plastikflasche kommt nur ein paar Mal zum Einsatz, bevor sie auf der Mülldeponie, in der Müllverbrennung oder in China landet, um daraus Textilien (Polyesterfasern) herzustellen.
4. Mehrwegflaschen aus Glas werden ca. 50 Mal wieder benutzt und gefüllt, das verhindert unnötige Müllberge.
5. Aus Abfallvermeidungs- und Umweltgesichtspunkten ist das Leitungswasser einem abgefüllten Wasser vorzuziehen.
6. Vor allem Kindertrinkgefäße sollten nur aus Glas, Keramik oder Edelstahl sein.

Quelle: Achtung Plastik! www.bund.net
https://www1.wdr.de/mediathek/audio/wdr5/wdr5-leonardo-top-themen/audio-mikroplastik-in-mineralwasser-100.html
www.deutschlandfunknova.de/beitrag/laboruntersuchung-mikroplastik-in-jedem-mineralwasser

AUSWIRKUNGEN AUF GESUNDHEIT & ÖKOSYSTEME
Plastik in unserem Körper

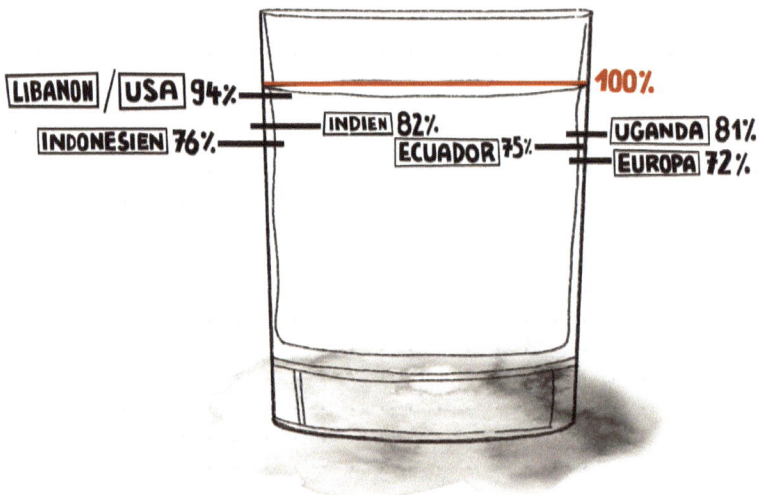

HÄUFIGKEIT VON MIKROPLASTIK-FASERN IM LEITUNGSWASSER

- LIBANON / USA 94%
- 100%
- INDIEN 82%
- UGANDA 81%
- INDONESIEN 76%
- ECUADOR 75%
- EUROPA 72%

1. Was bedeuten diese Zahlen für uns als Verbraucher?
2. Gibt es unterschiedliche Meinungen und Lösungsansätze?

1. Mikroplastik befindet sich bereits in Luft, Leitungswasser, Honig, Bieren etc. Es ist also überall und wir können uns diesem leider nicht entziehen.
2. Es empfiehlt sich trotzdem, Leitungswasser oder Wasser aus Glasflaschen zu trinken. Nur so kann der Müllberg an PET-Flaschen und die Ozeane entlastet werden. Außerdem zeigen die bisherigen Untersuchungen, dass im Vergleich weniger Plastik in Leitungswasser vorkommt und es somit immer noch gesünder ist als abgefülltes Wasser in Plastikflaschen.

Quelle: orbmedia.org/stories/Invisibles_plastics
www.shz.de/deutschland-welt/panorama/unsichtbares-plastik-die-gefahr-im-leitungswasser-id17757631.html

AUSWIRKUNGEN AUF GESUNDHEIT & ÖKOSYSTEME
Plastik in unserem Körper

1. Was bedeutet diese Grafik?

   Erkläre in der Gruppe.

> 1. Mikroplastik landet über Abwasserkanäle im Meer, wird von Seevögeln und Fischen, Meeressäugern aufgenommen. Es wurde bereits Plastik in den Mägen und Geweben von Fischen, Muscheln, Meeressäugern, Schildkröten und Seevögeln festgesellt. Welche Langzeitauswirkungen das auf den menschlichen Körper hat, wird noch erforscht.

Mikroplastik in der Nahrungskette

AUSWIRKUNGEN AUF GESUNDHEIT & ÖKOSYSTEME
Plastik in Fischen, Meeressäugern und Seevögeln

1. Sieh Dir die Bilder gut an, gibt es einen Zusammenhang?
   Welcher Müll hat bestimmte Auswirkungen auf bestimmte Lebewesen im Meer? Diskutiere in der Gruppe.

2. Was ist die Rote Liste?

   Warum geht uns das etwas an?

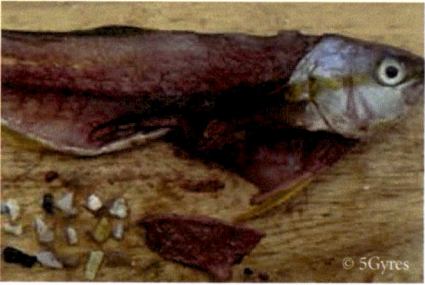

1. Mehr als 100.000 Meeressäugetiere, Fische und 1 Million Seevögel sterben jährlich an Plastikmüll:

   - Tiere verheddern, strangulieren sich.
   - Tiere verwechseln Plastik mit Nahrung, nehmen es auf und verstopfen ihre Mägen.
   - Sie fühlen sich voll und verhungern.
   - Mikroplastik wird wiederum über kleinere Tiere, wie Krebse, aufgenommen und von größeren Tieren wie Seevögeln, Robben, Großfischen als Nahrung automatisch mitaufgenommen.

2. Von den Tieren, die vom Aussterben bedroht sind, erfährst Du über die Rote Liste.

   - Bedroht: Schildkröten, Haie, Delfine, Wale, Schweinswale, Seeadler, Tiger, Roter Panda, Nashorn, Menschenaffen, Luchs, Königskobra, Wolf u. a.
   - Es ist sehr wichtig, dass die Tiere nicht aussterben. Mit jedem ausgestorbenem Tier geht unserer Welt ein Schatz an Genen, Farben, Formen und Geräuschen verloren. Dauert das an, gehen uns wichtige Ökosystemfunktionen verloren (z. B. Photosyntheseleistung der Pflanzen, Klimaregulation, die Bestäubung und Verbreitung von Wild- und Nutzpflanzen durch Insekten usw.). Dies wird die Lebensgrundlage der Menschen über kurz oder lang stark beeinflussen.

AUSWIRKUNGEN AUF GESUNDHEIT & ÖKOSYSTEME
Plastik in Fischen, Meeressäugern und Seevögeln

1. Überlege, was folgender Müll anrichten kann und gewichte, welche Auswirkungen sich schlimm, welche weniger schlimm auf die Tierwelt auswirken können. Diskutiere in der Gruppe.

    - Fischernetz
    - Ballon
    - Six-pack-Ring
    - To-go-Becher
    - Plastik-Pellet
    - Plastik-Tüte
    - Zerbrochene Glasflasche
    - Papier
    - Korb für den Hummerfang

2. Welche Auswirkungen kann „Marine Debris"* auf Boote haben?
   Diskutiere in der Gruppe.

3. Was heißt „Ghostfishing"?
   Recherchiere und erkläre die Auswirkungen auf das marine Ökosystem.

1. In den Netzen könne sich fast alle Tiere verheddern und größere Plastikteile werden verschluckt, es ist alles eine große Bedrohung für die Tierwelt, mit der Auswirkung, dass die Tiere verenden.

2. Überquert man die Ozeane, fährt man teilweise durch große Plastiksuppen, dabei schlagen Plastikmüllteile gegen die Boote, der Müll im Meer verfängt sich auch in Schiffsschrauben und beschädigt Motoren.

3. Ghostfishing: Auch Geisternetze genannt, sind verloren gegangene oder vergessene Großfangnetze, die teilweise kilometerlang im Meer hängen. Durch diese Fangnetze werden nicht nur die Meere leergefischt, es kommen auch ganze Delfin-Schulen, weitere Meeressäuger und Seevögel zu Tode.

Spiel

- Gummi um Daumen und kleinen Finger über Handrücken spannen.
- Andere Hand wird hinter dem Rücken verschränkt.

Jetzt versuch Dich zu befreien, ohne Hilfe von Zähnen oder der anderen Hand (15 sec.).

© Anne Mäusbacher

Stell Dir vor, eine Schildkröte wird so von einem Fischernetz, einer Plastiktüte oder ähnlichem gefangen. Welche Chance hat sie, den Müll wieder los zu werden?

*Meeresabfall/Müll im Meer

AUSWIRKUNGEN AUF GESUNDHEIT & ÖKOSYSTEME
Plastik in Fischen, Meeressäugern und Seevögeln

1. Recherchiere, wie Schildkröten atmen.
   Mach Dir Gedanken, welche Auswirkungen der Müll darauf haben könnte.

2. Recherchiere die Albatrosse auf Midway (Atoll Nähe Hawaii).
   Was kannst Du herausfinden? Wie werden die Neugeschlüpften ernährt?

3. Welche Gefahr besteht durch Luftballons?
   Welchen Weg kann ein Luftballon zurücklegen?

1. Die Schildkröten müssen zum Atmen an die Wasseroberfläche kommen. Der Müll hindert diese jedoch teilweise daran aufzutauchen. Marine Debris stellt eine enorme Bedrohung nicht nur für die Schildkröten dar. Über 50 % der Schildkröten sind bereits durch Plastikmüll betroffen und werden aufgrund dessen verenden. Sie sterben überwiegend durch Strangulation an Netzen, Behinderung der Atmung durch Strohhalme in Nasenloch und durch Luftballons verstopfte Mägen.

2. Bei dem Albatros-Baby auf Midway wurden bis zu 119 Plastikteilchen im Magen gefunden, diese wurden ihm im Nest von den Eltern zugefüttert, da diese es nicht von Futter unterscheiden können.

3. Ballons, die in den Himmel fliegen, können kilometerlange Strecken zurücklegen. Auch wenn man nicht am Meer wohnt, können diese bis dorthin gelangen. Möwen und andere Tiere verwechseln die irgendwann zusammengefallenen Ballons mit Futter. Vögel können sich an den Ballonschnüren verheddern. Ballonschnüre werden auch als Nistmaterial verwendet.

   Eine sehenswerte Aktion zweier Schwestern auf www.balloonsblow.org

AUSWIRKUNGEN AUF GESUNDHEIT & ÖKOSYSTEME
Plastik in Fischen, Meeressäugern und Seevögeln

© Joe Platko, Marine Photobank

1. **Schreibe eine Geschichte**
   Stelle Dir vor, Du bist ein Tier, welches im Meer oder Küstengebiet lebt. Was könnte es erleben?

   Beschreibe, wie das Tier sich fühlt, als es sehr viel Müll in seinem „Zuhause" beobachtet.

2. Beschreibe, wie Du Dich fühlen würdest, wenn jemand Müll aus dem Auto in den Wald oder die Straße wirft, oder in Deinen Vorgarten kippt und abhaut.

   Teile Deine Geschichte und Gefühle in der Gruppe.

AUSWIRKUNGEN AUF GESUNDHEIT & ÖKOSYSTEME
Plastik in Fischen, Meeressäugern und Seevögeln

Auch Seevögel sind von der Meeresverschmutzung sehr stark betroffen.

1. Welcher Vogel in Deutschland ist vom Aussterben bedroht und warum?

   Recherchiere.

Video 15
Wir sind schuld am Plastik im Meer (Greenpeace - 3:42 min)
zeigt eine Untersuchung der Vögel, die an Plastikmüll gestorben sind.
www.beachcleaner.de/deutsch/kids-for-the-ocean/videos

1. Über 95 % aller Seevögel haben bereits Plastikteile verschluckt. Da der Eissturmvogel sein ganzes Leben auf hoher See verbringt, ist die Situation besonders schwierig, da sich dieser seine Nahrung ausschließlich von der Meeresoberfläche pickt.

   Einige Untersuchungen toter Tiere haben gezeigt, dass die Mägen zum Teil komplett mit Plastikteilen gefüllt und verstopft sind. Viele verhungern einfach.

Quelle: www.awi.de/im-fokus/muell-im-meer

AUSWIRKUNGEN AUF GESUNDHEIT & ÖKOSYSTEME
Plastik in Fischen, Meeressäugern und Seevögeln

Auch in heimischen Regionen ist das Plastik bereits in der Natur fest verankert. Vögel bauen ihre Nester aus herumfliegenden Plastiktüten oder Planen.

Die Gefahr besteht darin, dass die geschlüpften Vögel in den Plastiknestern ertrinken oder erfrieren, da das Wasser nicht ablaufen kann.

Plastik-Vogelnest in der Region, Bayern, Deutschland

1. Welche Lösungsansätze und Ideen könnte es geben, um das Problem mit den Plastiktüten in den Nestern zu vermeiden?

> 1. Es gibt Aktivisten, die inzwischen auf Schornsteine klettern, um Storchennester von Plastikmüll zu befreien, vielleicht habt Ihr noch etwas anderes recherchieren können? Der Bund Naturschutz hat evtl. auch eine Idee.
>
> Um so wichtiger ist es, herumfliegenden Plastikmüll aufzusammeln, damit Tiere diesen nicht mehr verwenden oder mit Nahrung verwechseln können.

AUSWIRKUNGEN AUF GESUNDHEIT & ÖKOSYSTEME
Wirtschaftliche Auswirkungen durch Meeresmüll

Diskutiere die Auswirkungen durch Meeresmüll auf Folgendes in der Gruppe:

- Tourismus
- Clean-Up-Kosten
- Fischindustrie
- Schäden an Booten (Schiffsschrauben) durch verlorene Fangnetze, Plastikmüll.
- Sicherheit der Menschen beim Schwimmen durch treibenden Müll an der Wasseroberfläche oder am Meeresgrund.

© NOAA, Schiffsschraube

© Anne Mäusbacher

Die vermüllten Traumstrände, die von Kokospalmen umsäumt sind, schockieren in den Nachrichten. In einigen Gebieten werden Strandtücher zwischen Plastikflaschen und Restmüll ausgebreitet. Natürlich sinkt der Touristenstrom in den betroffenen Gebieten und hohe, mühsame Clean-up-Kosten entstehen, was enorme wirtschaftliche Auswirkungen zur Folge hat.

Die Fischereien und Fischer sind in großen Schwierigkeiten, da die Fangquoten jährlich sinken. 90 % des Fischbestandes ist abgefischt. Die Fischindustrie, die mit immer größeren Booten und Netzen die kläglichen Überreste der Fische abgrast, erfährt durch Plastikmüll verursachte Schäden an Motoren und Schiffsschrauben zudem hohe finanzielle Einbußen.

Ein Industriezweig, den es unbedingt zu modernisieren gilt. Wenn es keinen Fisch mehr zu fischen gibt, könnten sich die Fischer dem Schutz der Unterwasserwelt und dem Erhalt oder Wiederaufbau von Riffen geschützter Gewässer widmen (wie z. B. eine sehr gelungene Erhaltung und den Schutz der Gewässer durch **Hope Spots**, am Capo Pulmo, Mexiko, durch Dr. Sylvia Earle, Mission-Blue).

WAS KANNST DU TUN, VERSTEHEN & VERÄNDERN
Müll-Tagebuch

1. **Starte mit Deiner Müll-Wochen-Strichliste**
   - Vormittage sollen gleich in der Schule notiert werden. Nachmittage und Abende können entweder direkt vermerkt oder vormittags nachgetragen werden.
   - Rechnet am Ende der Woche den Müll von allen Teilnehmern zusammen.
   - Was hätte man vermeiden/ersetzen können? Diskutiert in der Klasse.

	Montag	Dienstag	Mittwoch	Donnerstag	Freitag	Samstag	Sonntag	Gesamt
Papier / Karton								
Glas								
Styropor/ Plastik / To-Go								
Sonstiges / gemischt (z. B. Tetrapak)								
Material Deiner Kleidung (Baumwolle, Polyester...)								

2. **Wo habe ich überall Plastik bemerkt?**
   Liste auf, was Du z. B. daheim, beim Einkaufen, auf dem Schulweg usw. beobachtet hast.

3. **„Single-use-plastic": Was ist das und wo findet man das?**
   Recherchiere, was Du dazu finden kannst.

1. Tabelle verwenden
2. Liste der Schüler/Kinder besprechen
3. Single-use-plastic = Einwegplastik, d. h. es wird nur einmal oder sehr kurz benutzt, wie z. B. Strohhalm, To-Go-Becher, Plastiktüte, Picknickteller aus Papier/Kunststoff, ...

WAS KANNST DU TUN, VERSTEHEN & VERÄNDERN
Alternativen zu Plastik im täglichen Leben

Umdenken in der Schule

© Anne Mäusbacher

1. Startet mit einer Schul-Müll-Wochen-Analyse, und beobachtet, welcher Müll anfällt.

   - Welcher Müll fällt an?
   - Was wird vorsortiert? Gibt es Zusatzbehälter?
   - Was wird kompostiert und recycelt?
   - Was passiert bei der Entsorgung? (Wer entsorgt wo?)

   Fundierte Recherche-Ergebnisse werden dann vor der Klassengemeinschaft präsentiert.

2. Besprecht mit Eurem Hausmeister, der Cafeteria und Schulleitung, wie der Müll an der Schule verringert und vor allem Plastik eingespart werden kann:

   - Auf unnötige Lebensmittelumverpackungen verzichten und somit eine Reduzierung von Lebensmittel-Müll und Verpackungen erzielen (z. B. Kakao in Glasflaschen).
   - Besprecht Alternativen zu Plastikbechern und Strohhalmen.
   - Eigener Trinkbrunnen/Refill-Stationen für eigene Trinkflaschen einrichten (www.atiptap.org).
   - Besteck nur aus Edelstahl (kein Plastik).
   - Ermutigt die Mitschüler, nur zu kaufen, was sie auch wirklich essen.
   - In der Schule kann man auch Lebensmittel-Restmüll vermeiden, in dem man „teilt". Hierfür wäre ein extra Tisch einzurichten, wo sich Schüler bedienen können. Was nicht verzehrt wird, kann an Einrichtungen, wie „die Tafel", abgegeben werden.
   - Recycling-Mülleimer, sowie die Grüne Tonne, sollten in der Cafeteria sichtbar aufgestellt werden.
   - Seifenspender: Wiederauffüllbar, nur in Großpackungen oder Kernseifen.
   - Im Sinne von Ressouren-Einsparung, sollte die Stromzufuhr von Geräten nicht auf Stand-by, sondern ausgeschaltet werden.
   - Verwendet Poster, um einfacher aufzuklären und mehr Schüler anzusprechen.

https://www.beachcleaner.de/deutsch/kids-for-the-ocean/poster-bestellung/
https://www.beachcleaner.de/deutsch/kids-for-the-ocean/kostenlose-downloads/

WAS KANNST DU TUN, VERSTEHEN & VERÄNDERN
Alternativen zu Plastik im täglichen Leben

Mülltrennung, die Sinn macht

Bio-Müll
Alle kompostierbaren Küchenabfälle und Reste aus dem Garten gehören in die Bio-Tonne, sowie Kartoffel- und Eierschalen, abgelaufene Lebensmittel und Kaffeesatz. Bio-Müll wird für Kompost oder auch für die Produktion von Bio-Gas verwendet.

| 1. Klappt die Herstellung von Biogas mit Bananen in einer Biogasanlage?

Restmüll
Zigarettenkippen, Windeln, Porzellan oder Haustierstreu können komplett verbrannt werden. Dies ist klimaschädlich (aufgrund entstehenden Kohlendioxids), wird aber zum Heizen oder zur Erzeugung von Strom verwendet. **>> Bitte nicht vergessen: Bioplastik muss auch in den Restmüll.**

Altpapier
Das Recycling von Papier, Pappe und Kartons klappt gut. Aber in die Tonne gehören nur Papiere, die keine Kunststoffe enthalten und nicht verschmutzt sind. **>> Kassenbons** sind in der Regel thermobeschichtet und gehören nicht in das Altpapier, sondern in den Restmüll. Am besten generell nur recyceltes Papier verwenden.

Gelbe Tonne/Gelber Sack
Jeglicher Verpackungsmüll aus Kunststoff, Aluminium und Weißblech sowie Verbundstoffe (Tetrapak, Joghurtbecher, Plastiktüten, Zahnpastatuben, beschichtete Tiefkühlverpackungen) können in den Gelben Sack.

Altglas
Glas besteht aus Sand, Kalk und Soda. Allerdings braucht es enorme Hitze, so etwa zwischen 1.400 und 1.600 Grad, um diese Mischung zu Glas zu schmelzen. Glas kann sehr gut recycelt werden. Jegliche Glasflaschen, Einweggläser, Babynahrungsgläser oder Marmeladengläser gehören in den Glas-Container, je nach Farben getrennt. Verschlüsse wie Plastik oder Aluminium bitte zuvor entfernen. **Korken** kann man beim Weinhandel abgeben. **Plastikverschlüsse** können in den Gelben Sack.

Elektromüll
Alte Geräte und Glühbirnen können zu Wertstoffhöfen gebracht werden. Batterien und Energiesparlampen können in den Geschäften zurückgegeben werden. Herkömmliche Glühbirnen gehören in den Restmüll.

> 1. Eine Bananenschale liefert etwa 34 Minuten Licht in einer 11-Watt-Lampe, wenn die Banane in einer Biogasanlage landet anstatt in der Müllverbrennung.
>
> Die Gesamtmüllmenge besteht aus: Hausmüll 30,8 %, Bio-Müll etwa 9,2 %; Altpapier 17,6 %, Altglas 5,6%, Leichtverpackungen und Kunststoffe 13 %, Elektroaltgeräte etwa 1,3 %.

Quelle: Bund Naturschutz

WAS KANNST DU TUN, VERSTEHEN & VERÄNDERN
Alternativen zu Plastik im täglichen Leben

Was ist mit Wegwerfgesellschaft gemeint?

Diskutiere in der Gruppe.

Leider werfen wir zum Teil Dinge schon nach einigen Gebrauchsminuten weg, z. B. der Strohhalm, die dünne Plastiktüte von der Gemüsetheke, die Serviette vom Hot-Dog ...

Diese bequeme Wegwerfgesellschaft muss sich ändern, um die Müllberge zu reduzieren.

WICHTIG ist es, den Müll erst gar nicht entstehen zu lassen. Dies kann man erreichen durch:

- Verpackungsfreies Einkaufen.
- Bewusstes Einkaufen,
  - wie Ketchup oder Tomatensauce im Glas,
  - Ohrstäbchen aus Bio Baumwolle in Papierverpackung.
  - Eis in Waffel anstatt im Becher.
  - Auf Mikroplastik in Hygiene/Pflegeprodukten verzichten.
  - Zahnbürste aus Holz/Bambus.
- Weniger konsumieren – d. h. auch mal verzichten.
- Mülltrennen (Glas, Papier, Obst/Gemüse/Eierschalen, Metall, Kunststoff, Elektro, etc.)
- Auf dem Flohmarkt einkaufen und verkaufen.
- Vererben, Verschenken an Nachbarn, Freunde.
- Recycling (Kreislaufwirtschaft).
- Upcycling (hochwertige Müllverwertung).

© Anne Mäusbacher

WAS KANNST DU TUN, VERSTEHEN & VERÄNDERN
Alternativen zu Plastik im täglichen Leben

Experiment

- Versuche für **eine Woche** Plastik aus Deinem Leben zu verbannen (d. h. auch keine Plastik-Kugelschreiber verwenden).
- Versuche verpackungsfrei und regional einzukaufen.
- Kaufe Käse ohne Plastikverpackung an der Käsetheke ein (nimm eine saubere Edelstahlbox mit).
- Schmiere Dir Dein Pausenbrot selber, packe etwas Obst dazu.

Schreibe zu jedem Tag die kleinen Herausforderungen in ein Tagebuch und präsentiere es in der Gruppe.

Wo fiel es Dir besonders schwer?

© Anne Mäusbacher

© Samantha Runkel

Man nimmt weniger Schadstoffe zu sich:
- Wenn man auf eingeschweißte Lebensmittel in Plastikverpackungen verzichtet.
- Frisch kocht.
- Aber auch in Süßigkeiten wurde eine hohe Belastung von Schadstoffen festgestellt.

WAS KANNST DU TUN, VERSTEHEN & VERÄNDERN
Alternativen zu Plastik im täglichen Leben

Der verpackungsfreie Einkauf ist möglich

- In Deutschland gibt es bereits über 30 Unverpackt-Läden, d. h. man geht dort ohne Lebensmittelverpackung wieder nach Hause.
- Dieser Einkauf sollte etwas vorbereitet werden.

1. Mach Dir Gedanken, was man mitnehmen muss, um die losen Waren transportieren zu können.
2. Was ist der Vorteil dieser Läden?

© Samantha Runkel

© Samantha Runkel

© Zero Hero Unverpackt Nürnberg

---

1. Am besten werden folgende Dinge vor einem Einkauf mitgenommen:
   - Großer Einkaufskorb und/oder Baumwolltragetaschen.
   - Leere, saubere Marmeladengläser oder größere Einmachgläser mit Schnapp-Verschluss, gibt's inzwischen in allen Haushalts- oder Geschenkeläden. Alte Teedosen eignen sich ebenfalls.
   - Dünne Baumwollsäckchen (oder Sisal, Seide) in mehreren Größen für Nudeln, Reis, Müsli, Nüsse.

   Ablauf:
   - Mitgebrachte Behälter werden am Anfang gewogen, damit das Eigengewicht am Ende wieder abgezogen werden kann beim Bezahlen.
   - Alle Lebensmittel sind sauber in großen Schütten untergebracht, die ständig gereinigt werden.
   - Es gibt auch Frisches, wie Obst, Gemüse; frisch gemahlenes Erdnuss-Mus, Kaffee, Tee.
   - Alles für Zero-Waste-Küche und -Bad lässt sich in diesen Läden erstehen, ebenso werden flüssige Reinigungsmittel zum Abfüllen angeboten, sowie loses Toilettenpapier – natürlich recycelt.

2. **Der Vorteil:** Man kauft nur die Menge, die man braucht und man sieht genau, was man kauft.
   - Tonnen an Verpackungsmüll werden eingespart.
   - Die Preise sind ähnlich den Supermarktpreisen und natürlich an jeder Schütte angebracht.

Quelle: www. zerohero-nuernberg.de Erster verpackungfreier Laden in Nürnberg, Deutschland.

WAS KANNST DU TUN, VERSTEHEN & VERÄNDERN
Alternativen zu Plastik im täglichen Leben

1. Über die "3 R" und „5 R" wird oft geschrieben.
Was kannst Du hierüber herausfinden und was bedeutet das?

1. Refuse – ablehnen (auf Plastik-Wasserflaschen und To-Go-Becher immer verzichten)
2. Reduce – reduzieren (muss das neue Smartphone sein?)
3. Reuse – wiederverwenden, reparieren (anstatt eine neue Plastiktüte zu verbrauchen, Baumwolltasche wiederverwenden)
4. Recycle – wiederverwerten (nutze z. B. Pfandflaschensystem)
5. Rot - kompostieren

2. Erarbeitet gemeinsam in der Projektgruppe und präsentiert die Ergebnisse pro Gruppe (Gruppe 1 – 4 Teilnehmer).

   1. Weniger ist mehr (reduce)
   2. Aus alt macht neu (upcycle)
   3. So geht Wiederverwertung (recycle)
   4. Umdenken und Verändern (rethink)

Sicherlich inspiriert Ihr Andere mit Euren Ideen.

WAS KANNST DU TUN, VERSTEHEN & VERÄNDERN
Alternativen zu Plastik im täglichen Leben

Schulalltag

© Samantha Runkel   © Samantha Runkel

- Viele Schulmaterialien sind aus Plastik. Ideen für nachhaltigere Materialien und Angebote gibt es aber schon viele.
- **Heftumschläge kann man inzwischen aus Altpapier** oder dünnem Tonpapier falten. Hefte erhält man aus recyceltem Papier (Kennzeichnung: 100 % Altpapier).
- Anstatt Plastikpatronen für den Füller kann man mit einem **Konverter Tinte aus einem Tintenfass einfüllen**. Das vermeidet Plastikmüll und spart sogar Geld.
- **Besser Buntstifte** anstatt Filzstifte. Die Filzstifte sind aus Plastik und landen leider im Müll. Die Buntstifte sind aus Holz und werden gut von der Umwelt abgebaut.
- **Statt Tesafilm** gerne Malerkrepp verwenden oder für stärkere Sachen Paketband aus Papier, (beides natürlich nicht durchsichtig).
- Für das Schulfrühstück bieten sich langlebige **Edelstahltrinkflaschen und Brotboxen** an.
- Das beste Rezept gegen Plastiktüten sind **Einkaufsbeutel aus Stoff**. Am besten packst Du Dir einen Jute- oder Baumwollbeutel in Deinen Schulranzen, so hast Du eine Tasche für den Notfall immer dabei.

WAS KANNST DU TUN, VERSTEHEN & VERÄNDERN
Alternativen zu Plastik im täglichen Leben

Hast Du es schon gewusst...

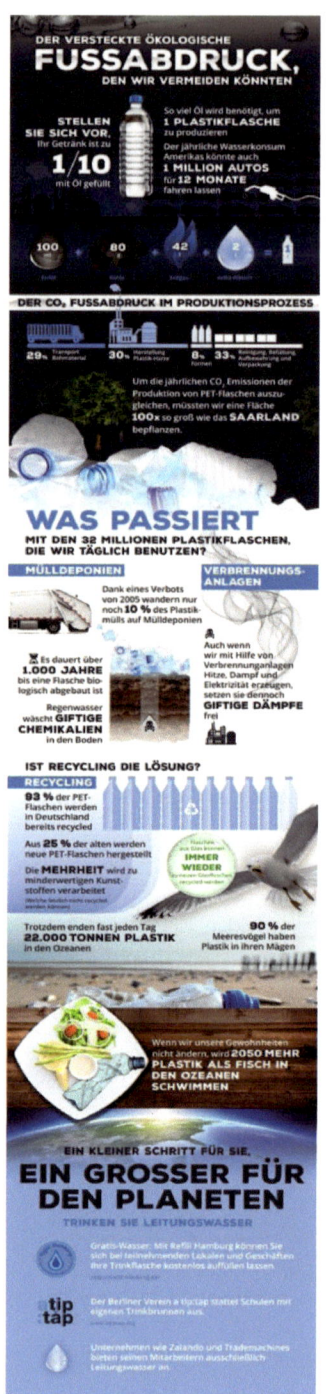

Quelle: trademachines.de *pdf als download* auf www.beachcleaner.de/deutsch/kids-for-the-ocean/graphiken-vordrucke/

WAS KANNST DU TUN, VERSTEHEN & VERÄNDERN
Alternativen zu Plastik im täglichen Leben

Unterwegs

- Daheim kann man gut auf eine Plastikflasche mit Wasser verzichten. Wenn man unterwegs oder auf Reisen ist, muss man sich etwas besser organisieren, aber auch das wird schnell zur Routine.
- Eine Glas- oder Edelstahltrinkflasche, sowie eine Brotbox ist eine sehr langlebige, einmalige Anschaffung. Inzwischen kann man seine Trinkflasche in vielen Cafes kostenlos auffüllen.
- Das beste Rezept gegen Plastiktüten sind Einkaufsbeutel aus Stoff. Am besten packst Du Dir einen Baumwollbeutel in Deinen Rucksack, so hast du die Tasche immer dabei.
- Auch auf Flug- oder Bahnreisen kann man mit einem selbstmitgebrachten To-Go-Becher viel Müll einsparen.

Recherchiere nach
1. Refill Deutschland und
2. a tip: tap

© Anne Mäusbacher

© Samantha Runkel

- **Refill Deutschland** bietet eine Übersicht an, wo mitgebrachte Trinkflaschen kostenlos mit Leitungswasser aufgefüllt werden können. Ein Kauf von abgefülltem Wasser in Plastik wird dadurch ersetzt.
- **a tip: tap** ist ein gemeinnütziger Verein, der sich gegen Plastik und für den Konsum von Leitungswasser einsetzt. Er bietet zum Beispiel Trinkbrunnen an und organisiert Projekttage.

WAS KANNST DU TUN, VERSTEHEN & VERÄNDERN
Alternativen zu Plastik im täglichen Leben

 Plastikfreie Küche

Auch in der Küche werden viele Geräte wie Aufbewahrungsschüsseln, Deckel, Messergriffe und Strohhalme aus Plastik verwendet.

Auch hier gibt es einige günstigere und nachhaltigere Alternativen.

Sobald etwas aus Plastik zerbricht, kann man es durch einen nachhaltigeren und langlebigeren Gegenstand ersetzen.

Holzbürsten, selbstgemachte Schwämme aus Paketschnur oder recycelten Stoffen, gibt es auf Wochenmärkten oder in Küchenfachgeschäften.

Viele Putzmittel kann man einfach mit Essig und Wasser vermischen und so die herkömmlichen Chemie-Mischungen in den alten Plastikflaschen ersetzen.

© Anne Mäusbacher

 DIY – Waschmittel

Ein einfaches Rezept ergibt 2 Liter Waschmittel-Flüssigkeit für Bunt- und Kochwäsche:

- 4 TL Wasch-Soda
- 30 Gramm einer Kernseife
- 10 - 15 Tropfen von ätherischem Öl nach Wahl
- 2 l kochendes Wasser
- 2 - 3 alte Glasflaschen zum Aufbewahren.

1. Die Kernseife zu kleinen Schnitzeln raspeln. Mit dem Waschsoda in den ersten 700 ml kochendem Wasser einköcheln, mit Schneebesen umrühren.
2. Für eine Stunde setzen lassen, weitere 700 ml kochendes Wasser auffüllen. Das ätherische Öl zuführen und 6 - 12 Stunden stehen lassen (am besten über Nacht).
3. Nochmal aufkochen lassen, zum dritten Mal 700 ml zuführen. Abkühlen lassen.
4. Vor dem Gebrauch schütteln, wenn zu dickflüssig, etwas Wasser zufüllen. Für eine Waschmaschinenfüllung 100 - 200 ml verwenden.
5. Für extra weiße Wäsche einfach 1 - 2 TL von dem Waschsoda direkt in die Maschine füllen.

© Anne Mäusbacher

WAS KANNST DU TUN, VERSTEHEN & VERÄNDERN
Alternativen zu Plastik im täglichen Leben

Plastikfreie Küche

DIY – Küchen-Schwamm häkeln

Alles was man dafür braucht:

- Paketschnur aus Naturfaser, am besten 1,5 bis 2 mm dick.
- Stricknadeln Stärke 2,5-3,5. Alternativ Häkelnadel (Stärke 5, noch besser die plastikfreie Häkelnadel aus Bambus).
- Optional ein paar Stoffreste als Füllung, z. B. zwei Lagen einer alten Jeans.

© Samantha Runkel

Der Schwamm wird als einfaches Rechteck mit den Maßen ca. 8 x 19 cm gestrickt. Dieses Rechteck kann man dann einfach zusammenklappen und rundherum mit Paketschnur zusammennähen oder auch mit einfachen Maschen zusammenhäkeln:

13 Maschen anschlagen (ergibt ca. 8 cm, bei Bedarf mehr oder weniger nehmen).

Eine Reihe nur rechte Maschen stricken. Wenden und eine Reihe nur linke Maschen stricken. So lange wiederholen, bis das Stück ca. 19 cm lang ist. Alle Maschen abstricken und ggf. noch eine Lasche aus Luftmaschen häkeln, Restfaden vernähen.

Halbiert zusammenklappen, sodass die grobe Seite zunächst innen liegt. An drei Seiten zusammennähen oder -häkeln. Umstülpen. Mit Stoffresten oder auch einem weiteren, etwas kleineren Rechteck aus Paketschnur ausstopfen, damit der Schwamm schön griffig wird. Die letzte Seite zunähen.

Wiederverwendbare Shopping bag aus altem T-Shirt (Upcycling)

- Ärmel entfernen.
- Hals- und Rückenausschnitt auf Henkelform erweitern und zuschneiden.
- Unteren Rand in Fransen einschneiden und mit den gegenüberliegenden Fransen zusammen knoten.

© Anne Mäusbacher

WAS KANNST DU TUN, VERSTEHEN & VERÄNDERN
Alternativen zu Plastik im täglichen Leben

 ### Strohhalme

Die Herstellung eines Plastikstrohhalmes erfordert viel Energie für so ein dünnes Plastikstück und dauert 10 Minuten. Nur ca. 20 Minuten wird der Strohhalm von einer Person genutzt.

Erhalten bleibt uns der Plastik-Strohhalm über 200 Jahre, da er nicht biologisch abbaubar ist.

Plastikstrohhalme landen leider sehr häufig von Strandbars direkt im Meer. Bei diversen Beach-Clean-Ups konnten wir das beobachten.

- Alleine in den USA werden **500 Millionen Plastikstrohhalme jeden Tag** weggeworfen.
- 100 Millionen Meerestiere werden jedes Jahr durch Plastikmüll im Meer getötet.
- Auch Schildkröten leiden unter den Plastikstrohhalmen, da diese sehr oft deren Nasenlöcher verstopfen.

© Anne Mäusbacher

Inzwischen gibt es eine internationale Bewegung von Aktivisten, Plastikstrohhalme nicht nur in den Küstengebieten zu verbieten.

Dabei gibt es bereits Alternativen aus Papier und Stroh in Unverpackt-Läden oder online zu kaufen. Wenn man ganz darauf verzichten kann, ist es eigentlich am Besten, da die alternativen Strohhalme auch oft verpackt kommen.

Quelle: www.simplystraws.com/blogs/2018campuschallenge

WAS KANNST DU TUN, VERSTEHEN & VERÄNDERN
Alternativen zu Plastik im täglichen Leben

Mikroplastik im Badezimmer

(siehe auch Kapitel Was genau ist Plastik - Mikroplastik).

Gerade Teenagern wird viel Billig-Kosmetika angeboten, ob Lippenstift, Nagellack, Gesichtscreme oder Peeling, leider enthalten diese sehr oft Mikroplastik.

1. Wie erkenne ich Mikroplastik in meinen Pflegeprodukten oder in der Drogerie? Recherchiere weitere Abkürzungen von Plastik. Was findest Du dazu?
2. Finde und diskutiere Alternativen (siehe auch DIY).
3. Was ist problematisch an Sonnencreme (Korallenriffe!)?

Folgende Plastikarten werden oft in Hygiene- und Pflegeprodukten verwendet:

- Polyethylene (PE)
- Polypropylene (PP)
- Polyethylenterephthalat (PET)
- Polymethyl methacrylate (PMMA)
- Nylon -6 oder Nylon -12
- Polyamid
- Acrylates Copolymer (AC)
- Acrylates Crosspolyer (ACS)
- Polyurethan (PUR)
- Ethylen-vinylacetat-copolymere (EVA)
- Polyquaternium-7 (P-7)

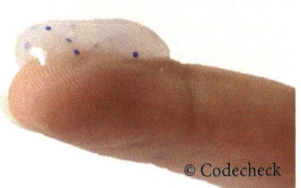
© Codecheck

Über einen Barcode-Reader der kostenlosen APPs können die Inhaltsstoffe gelesen, sowie Alternativen angezeigt werden.

- Beat the microbead
- Toxfox
- Codecheck

1. siehe Tabelle
2. Alternativen gibt es aus der Naturkosmetik. Am sichersten ist zertifizierte Naturkosmetik ohne Mineralölprodukte. Natürlich kann man sich Zahncreme und weitere Pflegeprodukte auch selber machen (siehe folgende Seiten).
3. Herkömmliche Sonnencremes zerstören nicht nur Korallenriffe, sondern sind auch ungesund auf der Haut. Sie enthalten nämlich u. a. Acrylate Crosspolymere (ACS), was einen Bestandteil von Plastik bedeutet. Es gibt aber einige plastikfreie Alternativen aus der Naturkosmetik, die mineralische Filter OHNE Nanopartikel benutzen. Am besten Ihr nutzt die genannten APPs, und erkundigt Euch über die Inhaltsstoffe.

Quelle: www.bund.net/chemie/toxfox   www.codecheck.info   www.beatthemicrobead.com

WAS KANNST DU TUN, VERSTEHEN & VERÄNDERN
Alternativen zu Plastik im täglichen Leben

Badezimmer

 Im Bad daheim sammelt sich so einiges an Plastik an: Das tägliche Duschgel und Haarshampoo, die Zahnbürste und Zahnpasta, die Körpercreme, das Deo, das Haargel, das Peeling und die Sonnencreme. Alles kommt in Plastik verpackt und enthält manchmal auch Plastikteilchen, sogenanntes Mikroplastik.

- Die Zahnbürste ist am schnellsten auszutauschen, die gibt es aus nachhaltigeren Materialien. Die Plastikzahnbürste findet man sehr oft bei Reinigungsaktionen am Strand.
- Anstatt Zahnpasta aus der Tube gibt es Zahnputztabletten, oder am einfachsten rührt man sich die Creme in 40 sec. selber an. **Siehe DIY**.
- Für die Rasur bietet sich ein Edelstahl-Rasierer mit Wechsel-Klingen an, den behält man sicher sein Leben lang.
- Das Kristall-Deo kommt unverpackt, es gibt DIY-Alternativen oder fertiges im Glas, auf jeden Fall nicht nur aluminiumfrei, sondern auch plastikfrei.

Kristall Deo & Baumwoll Ohrstäbchen

 Recherchiert in Eurem lokalen Supermarkt oder Drogerie, welches von diesen Produkten ohne Plastikverpackung gekauft werden kann?

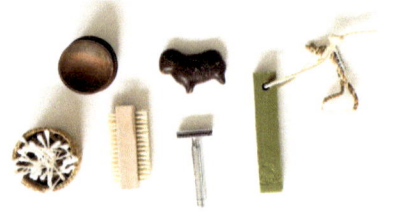

© Samantha Runkel

WAS KANNST DU TUN, VERSTEHEN & VERÄNDERN
Alternativen zu Plastik im täglichen Leben

Badezimmer

Die Inhaltsstoffe gekaufter Produkte sind schwer verständlich und auch Naturkosmetik wird zum Großteil in Plastiktuben und Tiegeln angeboten.

Am sichersten und kostengünstigsten ist es, sich eigene Kosmetik- und Pflegeprodukte anzurühren. Die Zubereitung ist meistens sehr schnell und man wird von Zeit zu Zeit immer routinierter. Selbstgemachte Pflegeprodukte kommen auch sehr gut als Geschenk an und animieren den Beschenkten ebenfalls zum Selbermachen.

DIY-Zahnpasta
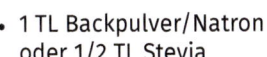
Unser Rezept:

- 1 TL Backpulver/Natron oder 1/2 TL Stevia
- 3 EL Kokos-Öl
- 3-4 Tropfen Pfefferminz-Öl

Alles zusammen verrührt in ein wiederverwendbares, kleines Marmeladenglas geben.

Weitere Rezepte im Internet.

Zahnputztablette
Auch in Drogerien und Unverpackt Läden gibt es Zahnputztabletten, eignen sich gut für die Reise. Eine halbe Tablette auf die Borsten stecken und mit Wasser benetzen, schäumt nur leicht, ist aber effektiv und umweltfreundlich.

DIY-Deo

Rezept www.grueneralltag.de

- 6 EL Maisstärke
- 1 EL Backsoda/Natron
- 5 EL Kokosöl
- 10 Tropfen Teebaumöl (oder ätherisches Öl eurer Wahl)

Kokosöl in weicher, aber nicht flüssiger Konsistenz im heißen Wasserbad anwärmen.

Maisstärke und Backsoda in einem kleinen Gefäß (z. B. leeres Marmeladenglas) vermischen, Kokosöl mit einem kleinen Löffel dazurühren, bis alles gut vermischt ist, anschließend das Teebaumöl unterrühren. Man bekommt alle Zutaten im Supermarkt.

1. Probiert es aus und diskutiert in der Gruppe, ob es Euch leicht fällt, auf Naturprodukte umzustellen.

Quelle: www.grueneralltag.de/wirksame-deocreme-zum-selber-machen

WAS KANNST DU TUN, VERSTEHEN & VERÄNDERN
Alternativen zu Plastik im täglichen Leben

 Badezimmer

Bei der Monatshygiene fällt auch so einiges an Plastik an, auch hier gibt es Alternativen, die man unbedingt ausprobieren sollte.

 1. Recherchiere die *Menstruationstasse*.

 Auch das Toilettenpapier gibt es bereits unverpackt. Man kann es als einzelne Rolle oder im Großkarton beziehen.

Seifenschalen gibt es aus Holz oder Stein-Kacheln, die das überschüssige Wasser aufsaugen.

© Samantha Runkel

 2. Liste auf, welche Produkte Du im Bad verwendest.
Hast Du Dir die Inhaltsstoffe mal angesehen? Kannst Du in Deiner Hygiene etwas verändern? Teile Deine Erfahrungen in der Gruppe.

1. Inzwischen gibt es einige Anbieter für Menstruationstassen, die den Berg an in Plastik eingeschweisste Tampons und Binden ersetzen. Die Tassen aus Silikon halten wohl über mehrere Jahre und sind einfach in der Handhabung. Inzwischen gibt es sogar eine faire Variante aus 100% Naturkautschuk.
2. Am besten, man startet mit dem Kauf einer Bambuszahnbürste und einer Haarseife, die ebenfalls als Körperseife genutzt werden kann.

WAS KANNST DU TUN, VERSTEHEN & VERÄNDERN
Alternativen zu Plastik im täglichen Leben

DIY-Peeling

- ½ Tasse Kaffesatz
- ⅓ Tasse Kokosöl
- ¼ Tasse Zucker/Rohrzucker
- 1 Teelöffel Vanille-Extrakt

1. Kokosöl in einem kleinen sauberen Marmeladenglas im Wasserbad aufwärmen.
2. Vermische geschmolzenes Kokosnussöl, Kaffesatz, Zucker und Vanille in einem kleinen, sauberen Marmeladenglas zum Verschrauben.
3. Fertig!

DIY-Body Creme

1. Kakaobutter und Kokosöl zu gleichen Teilen abfüllen.
2. Beides getrennt im Wasserbad zum Schmelzen bringen.
3. Dann zusammenrühren in einem kleinen Weckglas.
4. Evtl. mit ätherischem Duft-Öl verfeinern (z. B. Verbene).
5. Abkühlen lassen. Fertig!

DIY-Haargel

- 20 g Bienenwachs
- 20 g Sheabutter
- 40 g Kokosöl

1. Alles in ein kleines Weckglas geben und im Wasserbad zum Schmelzen bringen.
2. Dann Abkühlen lassen.
3. Je mehr Bienenwachs, desto stabiler wird die Frisur sitzen.

DIY = Do it yourself = Selbermachen

WAS KANNST DU TUN, VERSTEHEN & VERÄNDERN
Alternativen zu Plastik im täglichen Leben

Plastik im Kleiderschrank

Starte mit **Video 14**
Mikrofasern - löst sich aus Plastikkleidung. The Story of Microfibers (2:46 min)
www.beachcleaner.de/deutsch/kids-for-the-ocean/videos

1. Checke Deine Kleidung auf synthetische Kunststoff-Fasern
   (z. B. Fleece, Sportartikel, Pullover). Woran erkennt man die Kunstfasern?
2. Gibt es ein Problem mit der Kunstfaser?
3. Was ist *recycelt polyester*? Ist das ok? Recherchiere im Internet.
4. Welche Alternativen gibt es denn?
5. Recherchiere „*guppyfriend*" und diskutiere darüber.

> POLYESTER (PL, PES, PET)
> POLYAMID (PA)
> POLYETHYLEN (PE)
> POLYPROPYLEN (PP)
> POLYURETHAN / ELASTHAN / LYCRA (EL)

1. Mikrofasern sind also Plastikfasern. Man erkennt diese am Produkt-Etikett, wie Polyester (PL, PES, PET) und mehr, siehe Tabelle.
2. Ein Drittel des Mikroplastiks, das im Meer landet, stammt aus Kunstfasern, etwa Polyester, die bei der Herstellung unserer Kleidung benutzt werden. Sie gelangen durch Waschmaschinenabwasser und über die Kläranlagen ins Meer, da sie kleiner als 0,04 Millimeter sind und keine bisherigen Filter diese kleinen Fasern aufhalten können (z. B. von Fleece-Jacken). Die Fasern bleiben uns jahrhundertelang im Meer erhalten, da sich diese nur sehr langsam auflösen.
3. Einerseits ist es interessant, aus den benutzten PET-Flaschen noch etwas herstellen zu können, wie Fleece-Decken, Handschuhe oder Zelte. Der Aufwand beim Recycling von PET-Flaschen in Polyester (recycled polyester) ist allerdings sehr Energie- und Wasserintensiv. Dennoch ist Recycling besser, da es den Lebenszyklus von Plastik verlängert und kein neues Plastik hergestellt werden muss. Für einen Turnschuh werden etwa 11 PET-Flaschen benötigt, für eine Decke aus Polyester ungefähr 16 PET-Flaschen.
4. Es ist besser, auf Bekleidung aus natürlichen Materialien, wie Hanf, Baumwolle, Wolle, Kapok, Brennessel, Leinen, Tencel, Naturkautschuk oder Seide zurückzugreifen. Es gibt jede Menge tier- und umweltfreundliche Textilstoffe. Außerdem sollte Wert auf die Langlebigkeit der Kleidung gelegt werden (Vintage, Second Hand). Je länger ein Produkt getragen werden kann, desto weniger muss gekauft werden und desto weniger Ressourcen werden verbraucht und verschwendet. Hast Du gewusst, das Kleidung oft nach sechsmal tragen, bereits in der Mülldeponie landet?
5. Der *guppyfriend*-Waschbeutel ist eine Zwischenlösung, um Kunstfaser-Stücke im Waschvorgang abzufangen. Mikrofasern, die während des Waschganges abbrechen, werden im Beutel aufgefangen und können im Restmüll entsorgt werden. Somit kann der Zufluss zu Flüssen unterbunden werden. **Mehr dazu im Kapitel *Was genau ist Plastik*.**

Quelle: www.guppyfriend.com

WAS KANNST DU TUN, VERSTEHEN & VERÄNDERN
Alternativen zu Plastik im täglichen Leben

Party ohne Plastik

1. Was heißt Einweg? Liste auf, was alles dazugehört.
2. Gibt es Alternativen zu Einweg?

© Anne Mäusbacher

> 1. Bei Einweg handelt es sich um Gegenstände, die nur einmal benutzt werden. Oft werden sie aufgrund ihrer billigen Beschaffenheit nur ein paar Minuten verwendet.
> 2. Die Alternative dazu ist der Mehrweg/Recycling (**siehe dazu auch Kapitel *Der Ozean ist in Gefahr – Wohin gelangt unser Müll*)**

3. Überlege Dir, wie Deine nachhaltige Geburtstagsparty ohne Einweg-Artikel aussehen kann.
   - Einladungskarte
   - Essen & Getränke
   - Geschirr/Strohhalme
   - Dekoration
   - *keine* Luftballons! (Warum hast Du schon gelernt, oder?)
4. Wie wäre es mit einer Müll-pick-up-Party?

Wer den meisten Müll sammelt, bekommt ein nachhaltiges, kleines Geschenk.

Fotografiert Euren Müll und sprecht darüber, was man hätte vermeiden können.

Du hast bei Deiner eigenen Party schon das beste Vorbild hierfür gegeben.

© Adam Zacharogiannis

WAS KANNST DU TUN, VERSTEHEN & VERÄNDERN
Alternativen zu Plastik im täglichen Leben

Zero-Waste-Lebensstil

1. Was heißt Zero Waste?
   Ist das möglich in Deutschland?

2. Recherchiere „Why I Live a Zero Waste Life".
   Lauren Singer *Trash is for Tossers*

- Was hat Dich inspiriert?
- Was kannst Du in Deinem Alltag umsetzen?

© Samantha Runkel

1. Das Konzept „Zero Waste" ist ein Ansatz, um Müllberge von jeder Person, Familie, Haushalt, Organisation oder Unternehmen zu reduzieren. Es sollen möglichst wenig Ressourcen verschwendet, also die Abfallmenge (und das Recycling) möglichst klein gehalten werden. Es ist eine neue Bewegung von Aktivisten, die nicht auf Lebensmittelkonzerne und Verpackungsindustrie warten wollen, bis sich endlich etwas verändert im Sinne von nachhaltigen oder verpackungsfreien Produkten.
2. Lauren Singer ist eine der ersten Bloggerinnen aus den USA, die über ihren reduzierten und plastikfreien Lebensstil, bis hin zum Minimalismus, täglich berichtet. Sie inspiriert Jung und Alt und beweist Innovation und Stil. Ihr Lebensstil ist extrem bewusst, modern und nachhaltig.

Mehr zum plastikfreien Leben findest Du auch auf www.beachcleaner.de (zweisprachig).

Quelle: trashisfortossers.com

WAS KANNST DU TUN, VERSTEHEN & VERÄNDERN

Alternativen zu Plastik im täglichen Leben

Zero Waste Challenge

Die folgende **7 Wochen** Herausforderung, macht Dich jeden Tag etwas bewusster…

1. Monat	Montag	Dienstag	Mittwoch	Donnerstag	Freitag
Woche 1	Verzichte auf Plastikstrohhalme und erwähne das beim Bäcker/im Cafe/Restaurant.	Verwende eine wiederauffüllbare Wasserflasche, wenn Du unterwegs bist.	Nimm Dein Frühstück/Mittagessen von daheim mit, verpacke es in eine wiederverwendbare Edelstahlbox, oder falte es in ein Küchentuch.	Schalte das laufende Wasser ab (beim Abwaschen, Zähneputzen).	Verbringe mindestens 30 min jeden Tag draussen, idealerweise in der Natur/im Park.
Woche 2	Sammle Müll im Schulhof oder in der Nachbarschaft und auf Deinem Schulweg.	Bringe alle Essensreste von der Mittagspause nach Hause, damit kein Essen weggeworfen wird.	Ausmisten: Wir haben alle viel zu viel, miste Deine Spielsachen aus und stelle zusammen, was gespendet werden kann.	Kompostieren: finde die nahegelegendste Kompostieranlage und nutze sie. Macht das Deine Schule? Gibt es einen öffentlichen Gemeinschaftsgarten, den Du nutzen kannst?	Viele Artikel kann man selbermachen, Deo, Zahnpasta. Heute versuchen wir Lipbalm: 1/3 Olivenöl, 2/3 Kakaobutter, rühre in kleinem Gläschen an und fertig.
Woche 3	Wäsche aufhängen, anstatt Trockner.	Stoppe Einwegprodukte, wie To-Go-Becher, Fast food-Verpackung, Plastikflaschen, und bringe Eigenes mit.	Repariere Kleidung oder andere Nutzegenstände, anstatt Neue zu kaufen.	Laufe oder nimm das Rad anstatt Auto oder Bus.	Suche Zero-Waste-Süßigkeiten für die nächste Party (Ikea, oder verpackungsfreie Läden), nähe Dein Halloween-Kostüm aus alten Laken/Kleidern oder leihe Dir etwas.
Woche 4	Nehme eine eigene Tasche oder Korb zum Einkaufen mit, vermeide so Plastiktüten.	Schulmaterialein gibt es inzwischen aus Holz oder anderen Plastikalternativen, durchsuche erstmal den Haushalt, bevor Du etwas Neues kaufst.	Besuche einen Bauernhof/Hofladen und kaufe regional und saisonal ein. Es ist meistens unverpackt und hat keine lange Reise hinter sich.	Mache Taschen selber (altes Kopfkissen, T-Shirt), verlängere somit die Lebenszeit der Textilien und spare Ressourcen.	Bringe eigene verschließbare Gefäße mit und gehe damit Wurst/Käse einkaufen.

2. Monat	Montag	Dienstag	Mittwoch	Donnerstag	Freitag
Woche 5	Recycle: überprüfe bei Deiner lokalen Müllabfuhr/-deponie, was recycelt werden kann. Funktioniert das bei Plastik mit dem Recycling-Code Nr. 5?	Anstatt Zewa oder anderes Papier nutze Reststoffe oder Stofftaschentücher zum Einwickeln von Brotzeit.	Sobald Deine alte Plastikzahnbürste ersetzt werden muss, versuche eine Bambus-Zahnbürste. Der Griff kann kompostiert werden, die Borsten werden mit Zange getrennt und entsorgt.	Upcycling: Suche nach Möglichkeiten Gebrauchtes wieder aufzuwerten (bevor es recycelt wird) z. B. Karton kann beliebig verwendet werden (Möbel, Malbuch..).	Toilettenpapier immer aus 100 % recyceltem Material nutzen, natürlich ersetzt ein Bidet das Papier komplett und ist eine saubere Angelegenheit.
Woche 6	Bringe Deine eigenen Boxen/Gefäße zum Einkauf mit. Stoppe Einwegprodukte, wie Styropor-Verpackungen.	Geschirrspülen mit der Hand ohne Plastik-Schwamm/-Bürste, mit einem alten Baumwolltuch oder einer Holzbürste.	Lebensmittelreste wie Zwiebelhaut, Karottenschalen, Sellerie (ideal für Pesto); Erdbeer-Blätter (eignen sich für Wasser mit Erdbeer-Geschmack).	Kompostieren: wenn kein Platz daheim oder in der Schule, gibt es sicherlich einen Kompost in der Gemeinde, dorthin können ebenfalls pflanzliche Lebensmittel-Reste gebracht werden.	Bevor neue Kleider, Spielsachen, Bücher Handarbeits-Utensilien, oder Küchenartikel gekauft werden, lohnt es sich oft, in Second-Hand-Märkte zu gehen.
Woche 7	Organisiere Deinen ersten eigenen beach-clean-up.	Sammele Ideen und Unterstützer, um ein Strohhalm/Coffe-To-Go-Verbot in der Stadt durchzusetzen.	Veranstalte einen privaten oder öffentlichen DIY-Event (Zahnpaste, Deo, Waschmittel).	DIY-„Lunch bag", wiederverwendbare Snack-Box , aus dickerer Baumwolle/Hanf nähen.	Wie weit bist Du mit Deiner Initiative, ein Strohhalm/Coffe-To-Go-Verbot in der Stadt durchzusetzen?

WAS KANNST DU TUN, VERSTEHEN & VERÄNDERN
Alternativen zu Plastik im täglichen Leben

Reflexion

Stelle Dir vor, Du bist:
- ein Strandbesucher
- Seefahrer
- Hauseigentümer
- Fabrik-Besitzer
- Mitarbeiter in einer Müllfirma

Wie kannst Du Müll vermeiden, reduzieren und verhindern, dass der Müll im Meer landet?

Diskutiere die Vorschläge der jeweiligen Rolle, in die Du geschlüpft bist, in kleinen Arbeitsgruppen.

© Bette Booth, Splash Trash Tour

WAS KANNST DU TUN, VERSTEHEN & VERÄNDERN
Beach-Clean-Ups

In vielen Ecken der Welt gibt es Müllberge, die wir uns hier in Europa gar nicht vorstellen können. Dabei sieht es auch hier nicht überall sauber aus. Wir kommen an vermüllten Straßenabschnitten, Parks und Stränden vorbei. Wenn auch Du verhindern möchtest, dass der Müll über Flüsse seinen Weg in den Ozean findet, dann organisiere eigene Clean-Ups:

© Anne Mäusbacher

1. „Adopt a beach"
Säubere regelmäßig mit der Klasse, dem Sportverein oder Freunden/der Familie einen Strand, Park- oder Waldabschnitt. Nach jedem Clean-up unbedingt den gesammelten Müll festhalten.

Müllanalyse
- Sortieren und Trennen des Mülls
- Wieviele Einwegbecher, Lebensmittelumverpackungen, Zigaretten, Flaschen, Ballons wurden gesammelt?
- Alternativen werden diskutiert.

Was passiert danach in Deinem Kopf?
Diskutiere in der Gruppe.

2. **Recherchiere**, ob man einen Clean-Up auch unter Wasser machen kann?

---

1. Nach jedem Clean-Up lernen wir mehr über unsere Konsumgewohnheiten und dass uns Recycling langfristig nicht weiterbringt. Der Müll darf gar nicht erst entstehen.
2. Auch Unterwasser kann gesäubert werden, z. B. Projekt Aware

WAS KANNST DU TUN, VERSTEHEN & VERÄNDERN
Beach-Clean-Ups

Hast Du gewusst,
- dass die Zigarette das meist aufgesammelte Müllstück weltweit darstellt?
- dass Zigaretten aus Plastik bestehen (Filter besteht aus Celluloseacethat)?

	Top 10 Müllstücke in den letzten 25 Jahren weltweit	Anzahl in Stücke	% vom gesamt Müll
1	Zigaretten / Filter	52.907.756	32 %
2	Lebensmittel Verpackung, To-Go	14.766.533	9 %
3	To-Go-Becher, Deckel	13.585.425	8 %
4	Einweg-Besteck	10.112.038	6 %
5	Plastik-Getränke-Flaschen	9.549.156	6 %
6	Plastik-Tüten	7.825.319	5 %
7	Glas-Getränke-Flaschen	7.062.199	4 %
8	Getränke-Dosen	6.753.260	4 %
9	Plastikstrohhalme und Umrührstäbchen	6.263.453	4 %
10	Schnüre	3.251.948	2 %
	Top 10 Müllstücke machen aus	*132.077.087*	*80 %*
	Gesamt-Müll weltweit	166.144.420	100 %

Durch die Covid19 Pandemie steigt leider die Nachfrage nach Einweg-Plastik und die Mund- und Nasenschutz gehört jetzt mit zu den meist gesammelten Einweg-Plastikteilen in der Natur.

1. Was passiert nach dem Aufsammeln mit dem Müll? Was und wie wird recycelt?

2. Welcher Anteil landet in der Müllverbrennung oder Deponie?

© Anne Mausbacher

Siehe auch Kapitel *Was genau ist Plastik.*
1. Plastikmüll, Metall, Glas, Papier, aber auch Batterien und Elektromüll können recycelt werden. Dabei ist eine Trennung des Mülls sehr wichtig.
2. Die Recyclingquoten liegen zwischen 3 % und 12 % weltweit betrachtet. Es gibt Länder wie Deutschland, die eine durchschnittliche Recyclingquote bei Kunststsoffen von 35 % angeben. In der Gesamt-EU werden 27 % recycelt.

Quelle: Ocean Conservancy / International Coastal Clean Up

WAS KANNST DU TUN, VERSTEHEN & VERÄNDERN
Beach-Clean-Ups

Checkliste

- Ankündigung und Werbung sind ganz wichtig:
  - gute Beschreibung, wann und wo
  - ungefähre Route
  - warum Du/Ihr den Event veranstaltest/veranstaltet
  - Presse informieren
  - Social Media nutzen, um mehr Teilnehmer zu erreichen und über das Thema an sich aufmerksam zu machen.
  - Stadtreinigung / Gemeinde informieren für Müllabtransport
  - Rückmeldung an Teilnehmer, Presse, Gemeinde, Social Media Kanäle über den Erfolg der Aktion.

- Jutesäcke
  - zum Sammeln organisieren, evtl. werden diese gespendet. Man kann sie wiederverwenden.
  - Am Schluss aber den gesammelten Müll umfüllen in feste Plastiksäcke (nach erfolgter Mülltrennung).

- Bekleidung
  - Festes Schuhwerk
  - Regenjacke bei Bedarf
  - Schutzhandschuhe
  - Bei Pandemie: Mund- und Nasenschutz

- Nicht vergessen
  - Trinkflasche
  - Sonnencreme, Sonnenbrille, Sonnenhut
  - Mückenschutz

- Sicherheit
  - Immer bei der Gruppe bleiben.
  - Vorsichtig in Wassernähe, vor allem bei Flüssen und deren Strömungen.
  - Immer mit mehreren Kindern/Erziehern ans Ufer gehen (Vorsicht, evtl. rutschig).
  - Auf keinen Fall zu nahe ans Wasser herantreten.
  - Keine Naturschutzgebiete, wie Dünen, betreten.
  - Rufe einen Erwachsenen, wenn Du etwas Merkwürdiges findest (Gasflasche, Munition, Spritzen, chemische Container, spitze Gegenstände..) und auf keinen Fall anfassen.

WAS KANNST DU TUN, VERSTEHEN & VERÄNDERN
Beach-Clean-Ups

Müll-Analyse

Um den gesammelten Müll weltweit zu erfassen, gibt es viele APPs. Deine Daten helfen Forschungsprojekten, den globalen Müll zu bewerten.
- Marine Debris Tracker von NOAA
- Marine Litter Watch
- Litterati

Oder Du gibst die Daten direkt online bei Sea Shepherd ein, wo die Daten in eine global geführte Datenbank einfließen:
www.sea-shepherd.de/debris/index.php/report-bcu

© Anne Mäusbacher

© Andreas Mäusbacher
Flussreinigung mit den Boardnerds

© Jan Carl Editing

1. Was passiert, wenn der Müll nicht aufgesammelt wird? *Diskutiere in der Gruppe.*

2. Helfen Beach-Clean-ups gegen die Verschmutzung der Meere?

1. Beim Müllsammeln an Flüssen verhindern wir den Zufluss des Mülls in die Meere, was sehr wichtig ist und schon im Inland unterbunden werden kann. Nur 15 % des Mülls im Ozean wird wieder an die Strände zurückgespült **(siehe Kapitel *Der Ozean ist in Gefahr – der Müll im Ozean*)**.
2. Durch das Aufsammeln werden zumindest die Tiere und Menschen an den Stränden geschützt. Diese Arbeit wird beim stetigen Anstieg des Mülls weiter ausgedehnt werden müssen.

https://www.eea.europa.eu/themes/water/europes-seas-and-coasts/assessments/marine-litterwatch
litterbase.awi.de/   www.litterati.org

WAS KANNST DU TUN, VERSTEHEN & VERÄNDERN
Beach-Clean-Ups – Tracking

Um den gesammelten Müll weltweit zu erfassen, gibt es Datenbanken von unterschiedlichen Organisationen. Hier können die Daten direkt ausgefüllt und hochgeladen werden.

© www.sea-shepherd.de/debris/images/Debrisweb/files/SSG_cleanup_data_collection_sheet_2016_2.pdf

WAS KANNST DU TUN, VERSTEHEN & VERÄNDERN
Beach-Clean-Ups – Tracking

Sea Shepherd Global Cleanup Data Collection Sheet - V.1072016   www.seashepherdglobal.org

PLASTIC (Consumer Items)	TALLY & NOTES	=
B1.1: Cigarette butts & filters		
B1.2: Cigarette lighters		
B1.3: Pens, markers & other plastic stationary		
B1.4/5: Straws, confection sticks, cups, plates, cutlery		
B1.6: Toothbrushes, brushes, combs, hair ties etc.		
B1.7: Toys, party poppers, ribbons, clips etc.		

PLASTIC (Fishing Items)	TALLY & NOTES	=
B3.1: Bait & tackle bags & packaging		
B3.2: Bait containers & lids, bait savers		
B3.3: Commercial fishing remnants float, pot, crate bits		
B3.4: Cylume glow sticks		
B3.5: Fishing line in meters recreational		
B3.6: Rec. fishing items lures, floats, rods, reels		
B3.7: Rope & net scraps - less than 1 metre		
B3.8: Rope & net scraps - more than 1 metre		

PLASTIC (Packaging Items)	TALLY & NOTES	=
B2.1: Bleach & cleaner bottles		
B2.2: Lids, tops, pump spray, flow restrictor etc.		
B2.3: Personal care & pharmaceutical packaging		
B2.4: Bags supermarket, garbage, dog poo, ice		
B2.5: Containers (non-food) oil, sealant, chemicals		
B2.6: Drink bottles water, juice, milk, soft drink		
B2.7: Food packaging wrap, packets, containers		
B2.8: Wrap (non-food) bubble wrap etc.		
B2.9: Strapping band - scraps		
B2.10: Strapping band - whole record as single item		

PLASTIC (Remnants)	TALLY & NOTES	=
B4.1: Plastic bits & pieces - hard & solid		
B4.2: Plastic film remnants bits of plastic bag, wrap etc.		
B4.3: Remnants burnt plastic		

FOAMED PLASTIC (Polystyrene)	TALLY & NOTES	=
C1: Foam buoys		
C2: Foam cups, food packs & trays		
C3: Foam insulation & packaging whole & remnants		

RUBBER	TALLY & NOTES	=
D1: Balloons, balls, toys, elastic straps, bands		
D2: Footwear & flip-flops		
D3: Rubber remnants		

GLASS & CERAMIC	TALLY & NOTES	=
E1: Fluorescent light tubes & bulbs		
E2: Beer & pre-mixed alcohol bottles		
E3: Jars and sauce bottles		
E4: Broken glass & ceramics		
E5: Wine, spirit and similar bottles		

METAL	TALLY & NOTES	=
F1: Aerosol cans		
F2: Aluminium cans		
F3: Foil wrappers, packets, bladders & alum. foil		
F4: Bottle caps, lids, pull tabs		
F5: Fishing items sinkers, lure, hooks, traps, pots		
F6: Tins under 4 liters food, drink tins etc.		

PAPER & CARDBOARD	TALLY & NOTES	=
G2: Newspaper, magazines & brochures		
G2: Paper, cardboard packaging		
G3: Tetra packs, drink cartons		

CLOTH	TALLY & NOTES	=
H1: Binding, thread, string, cord natural		
H2: Cloth, clothing, hats, towels		

WOOD	TALLY & NOTES	=
I1: Brooms, brushes, paint brushes		
I2: Processed timber, pallets, other wood		
I3: Confection sticks, pencils, matches etc.		

OTHER MATERIALS	TALLY & NOTES	=
J1: Oil globules & tar-balls		
J2: Sanitary tissues, nappies, condoms, cotton buds		
J3: Shoe leather & fabric		

ADDITIONAL ITEMS	TALLY & NOTES	=

ADDITIONAL ITEMS	TALLY & NOTES	=

This sheet uses data collection methodologies created by Tangaroa Blue as part of their Australian Marine Debris Initiative. More information about Tangaroa Blue's work, as well as a large range of cleanup resources (including a Marine Debris Identification Manual that provides clarification on the items listed on this sheet) can be found on their website: www.tangaroablue.org/resources

Quelle: www.seashepherdglobal.org

WAS KANNST DU TUN, VERSTEHEN & VERÄNDERN
Recycling / Kunst – Upcycling

1. Aus dem gesammelten Müll lässt sich oftmals Nützliches oder ein Kunstobjekt erstellen. Sortiert den gesammelten Müll vor und werdet kreativ.

2. Organisiert eine Müllausstellung in der Schule oder einer anderen öffentlichen Einrichtung, z. B. Rathaus.

3. Suche Dir etwas aus dem von Dir gesammelten Müll. Überlege, was daraus entstehen könnte und man daraus „Upcyceln" könnte.

Recherchiere Upcycling-Möglichkeiten von PET-Flaschen, Handschuhen, Gummistiefeln, etc..

Welche Ideen hast Du gefunden und setzt Du um?

Zu 3. Upcycling ist eine kreative Alternative, mit den Müllproblemen der Gegenwart umzugehen, aber keine Lösung für die Zukunft. Aus Müllprodukten werden neuwertige Produkte mit anderen Funktionen umgewandelt (z. B. Stiftehalter aus halbierter PET Flasche, oder Blumentopf).

Aber: Man entzieht die PET Flasche dem Recycling-Kreislauf, was wiederum zur Folge hat, dass neue PET-Flaschen hergestellt werden.

Quelle: www.ecowoman.de/1-blog/5020-upcycling-nicht-gut-fuer-umwelt-wie-sinnvoll-ist-upcycling-und-recycling

WAS KANNST DU TUN, VERSTEHEN & VERÄNDERN
Recycling / Kunst – Upcycling

Inspirationen

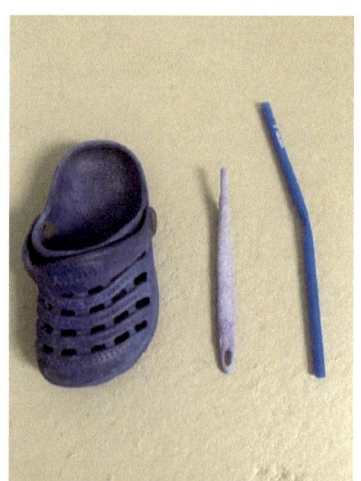
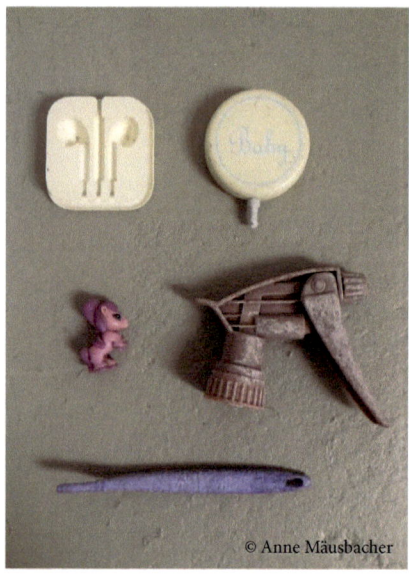

© Anne Mäusbacher

WAS KANNST DU TUN, VERSTEHEN & VERÄNDERN
Recycling / Kunst – Upcycling

1. Recherchiere Recycling-Möglichkeiten von Aluminium und Closed-Loop.

   Was findest Du bei der Recherche?

2. Was bedeutet Downcycling? Welche Produkte fallen Dir ein?

1. 95 % - 98 % von Aluminium kann recycelt werden. 75 % der Aluminium-Produktion ist aufgrund der Haltbarkeit des Metalls und der guten Recycling-Möglichkeiten immer noch im Umlauf.

2. Downcycling: Die Materialien werden zwar weitergenutzt, verlieren aber ihren ursprünglichen Wert.
   - Aus Altkleidern werden Putzlappen.
   - Bei Papier-Wiederverwertung wird die Qualität immer schlechter/dünner.

Quelle: www.alumeco.com/knowledge-technique/general/recycling-of-aluminium

WAS KANNST DU TUN, VERSTEHEN & VERÄNDERN
Was andere tun / Vorbilder & Inspirationen

Folgende Initiativen (nach Alphabet) haben mich sehr inspiriert. Recherchiere, was Du über diese finden kannst, erstelle eine Übersicht und teile es mit anderen.

- Balloons blow
- beach cleaner Nürnberg
- Bureo
- Bye Bye Plastic Bags
- Clean river project
- Fishing for litter
- grueneralltag.de
- Dr. Sylvia Earle, Mission Blue
- The Ocean Clean Up
- Parley for the Oceans
- Plastik Bank
- Sustainable Coastlines Hawaii
- Sea Bin
- Sea Shepherd
- Trash Water Wheel
- Surfers against Sewage
- Zero Hero Unverpackt Nürnberg

© Zero Waste Trio: Anne Mäusbacher, Anne Tieseler, Thomas Linhardt

Haben Dich die Projekte inspiriert?

1. Überlege Dir, was Du starten kannst? Denke an Dein nahes Umfeld.
2. Wie kannst Du in der Öffentlichkeit auf das Problem aufmerksam machen?

© Anne Mäusbacher

1. Starte Clean-Ups oder nimm teil.
   Sprich mit Familie und Freunden über die Alternativen bis hin zu Zero-Waste und was Ihr daheim ändern könnt.
2. Versuche Dein Cafe/Restaurant zu überzeugen, auf Plastikstrohhalme zu verzichten. Schreibe Deinem Bürgermeister einen Brief, um dem Plastik-Wahnsinn auf kommunaler Ebene entgegenzuwirken.

WAS KANNST DU TUN, VERSTEHEN & VERÄNDERN
Was andere tun / Vorbilder & Inspirationen

beach cleaner

© Kathi Liss, Anne Mäusbacher

© beach cleaner Familie

© Kathi Liss während eines Schulvortrages

Hierzu gibt es folgende Clean-Up Videos:

Videos 17 (5:52 min)
Ren Kyst - got a spare afternoon?
(Ren Kyst, Idee von Bo Eide, Verity White, Norwegen)

Video 18 (2:55 min)
Fluss Clean up mit den beach cleanern und den boardnerds
(beach cleaner Fluss Reinigung, Nürnberg, Deutschland)

www.beachcleaner.de/deutsch/kids-for-the-ocean/videos

> beach cleaner ist eine non-profit Familien-Initiative, die im Jahre 2015 entstanden ist. Inzwischen ist aus der Initiative eine kleine Bewegung von engagierten Aktivisten und Unterstützern entstanden, die durch eine veränderte Lebensweise und ihr Einkaufsverhalten mit gutem Beispiel vorangeht. Wir zeigen, dass ein plastikfreies Leben bereits jetzt schon (wieder) möglich ist. beach cleaner hält Vorträge und Talks zum Thema plastikfreies Leben & Zero-Waste, sowie über die eigenen Aktionen, wie Beach-Clean-Ups und das Schulprogramm.
>
> Mehr Infos zum Team, plastikfreies Leben und Hintergründe auf www.beachcleaner.de.

WAS KANNST DU TUN, VERSTEHEN & VERÄNDERN
Was andere tun / Vorbilder & Inspirationen

Die Nachhaltigkeitsziele der UN

1. Wer sind die Vereinten Nationen (United Nations, UN) und was machen diese?

2. Was ist der Zusammenhang zwischen der UN und der Ozean- und Plastikfrage?

©United Nations [2016-2030]. Reprinted with the permission of the United Nations.

>> *Recherchiere im Internet, was diese Ziele bedeuten*

SDG (Sustainability development goals)

13 - Maßnahmen zum Umwelt-/Klimaschutz

14 - Leben unter Wasser (mit 10 Unterzielen!)

1. UN = United Nations ist eine Vereinigung von derzeit 193 Staaten weltweit, die gemeinsam an globalen Herausforderungen wie Armut, Krieg, Klimawandel, Müll im Ozean und vielem mehr arbeiten. Die UN wurden 1945 gegründet.

   Es ist sehr wichtig, dass alle Staaten an der Plastikproblematik arbeiten und an einem Strang ziehen, um das Problem auch global bekämpfen zu können. Die UN-Konferenzen finden mindestens einmal im Jahr statt und Vertreter aller Länder sind anwesend, halten Vorträge und erarbeiten gemeinsame Ziele und Lösungen. Die einzelnen, globalen Nachhaltigkeitsziele, die in der UN vereinbart wurden, richten sich an alle Staaten der Weltgemeinschaft, aber jedes Land legt selber fest, wie es diese Vorgaben erreichen kann.

2. Seit 2015 gibt es wegen der enormen Wichtigkeit der Schutz der Meere fokussierte Ozean-Konferenzen und World Oceans Days, die nach 2015 in NY, 2017 in Malta und 2018 Mexiko seitdem jährlich international stattfinden.

Quellen: www.sdgs.un.org/goals
www.un.org/sustainabledevelopment/oceans/

WAS KANNST DU TUN, VERSTEHEN & VERÄNDERN
Was andere tun / Vorbilder & Inspirationen

Mit einem großen Sieb durchs Meer... wäre das eine Lösung, den Müll aufzufangen?

1. Entwickle ein Gerät, um Müll aus dem Meer zu entfernen (Trash collector).
   - Beachte die Auftriebskraft bestimmter Materialien und die Strömungen.
   - Erkläre Deine Idee und die Technik.
   - Denke an das marine Ökosystem mit all den Tieren und Pflanzen, die nicht zu Schaden kommen sollen.

   Recherchiere, ob sich vielleicht jemand darüber schon Gedanken gemacht hat. Gibt es hierzu schon Erfindungen? Präsentiere es in der Gruppe.

© Anne Mausbacher

2. Spezielle Recycling Schiffe könnten den Plastikmüll einsammeln.

   Recherchiere hierzu, ob es hierzu schon Erfindungen gibt oder ein solches Boot schon im Einsatz ist. Präsentiere es in der Gruppe.

1. Laufende Projekte:
   Boyan Slat – the Ocean Clean Up, www.theoceancleanup.com
   The Sea Bin, www.seabinproject.com
   Trash Water Wheel
   https://www.waterfrontpartnership.org/healthy-harbor/trashwheels/
   www.vimeo.com/173513857

2. Der Kieler Ingenieur Dirk Lindenau erfand ein Recycling-Schiff, das das gesammelte Plastik auf dem Schiff gleich verhäckselt, das Material könnte direkt an Recycling-Fabriken weiterverkauft werden.
   www.geo.de/natur/oekologie/13485-rtkl-internationaler-tag-des-meeres-mit-recycling-schiffen-gegen-die

WAS KANNST DU TUN, VERSTEHEN & VERÄNDERN
Was andere tun / Vorbilder & Inspirationen

Vielleicht hat Dich schon das eine oder andere inspiriert.
Wie kannst Du in der Öffentlichkeit auf das Problem aufmerksam machen?

1. Überlegt Euch in der Gruppe ein Konzept zur Aufmerksamkeitssteigerung für

   - Radio
   - Zeitung
   - Internet
   - Soziale Medien

   Verwende in den Sozialen Medien Hashtags #, um Nachrichten mit diesem Thema in sozialen Netzwerken wieder auffindbar zu machen. Nachstehend ein paar Beispiele:

#saynotoplastic	#plastikfreieschule
#everyactioncounts	#plasticfreeschool
#protectwhatyoulove	#......... Name der Schule
#collectitbinitfeelgood	

2. Startet einen „grünen" Club oder ein Recycling-Programm in Eurer Schule / Gemeinde.

   - Arbeitet gemeinsam an Umweltthemen
   - Geht mit gutem Beispiel voran. Wie sieht Zero Waste (oder Low Waste) bei Euch an der Schule aus?
     - Was wollt Ihr angehen, verändern und umstellen?
     - z. B. Verbot von Plastikstrohhalmen
     - Einführung eines Trinkbrunnens
     - Verkauf von wiederbefüllbaren Flaschen mit dem Namen der Schule.
   - Wendet Euch an Euren Bürgermeister und fragt, wie Ihr Euch engagieren könnt, um
     - Eure Gemeinde/Euren Ort davon zu überzeugen, dass keine Strohhalme mehr benutzt werden,
     - eine Upcycling-Ausstellung im Rathaus zu organisieren.

---

https://www.beachcleaner.de/deutsch/kids-for-the-ocean/poster-bestellung/
https://www.beachcleaner.de/deutsch/kids-for-the-ocean/kostenlose-downloads/

WAS KANNST DU TUN, VERSTEHEN & VERÄNDERN   135
Was andere tun / Vorbilder & Inspirationen

Der Ozean ist überfischt, übersäuert und vermüllt...
Dazu mehr im Kapitel *Der Ozean ist in Gefahr*

Captain Paul Watson: „There is no sustainable fish in a dying ocean."

Was kann ich persönlich gegen Vermüllung, Überfischung und Übersäuerung des Ozeans tun?

- Auf Fisch und Meerestiere verzichten, 90 % des globalen Fischbestandes ist bereits ausgeschöpft.
- CO^2-Emission einschränken:
  - Mehr Rad und Bus fahren.
  - Mehr Bahn fahren, weniger fliegen.
  - Lokal/regional einkaufen, die Lebensmittel sollen nicht hergeflogen werden.
  - Unverpackt einkaufen.
- Energie: Strom daheim sparen
  - Nutze Energiesparlampen, LED, Solar-Lichter.
  - Schalte stand-by immer aus. Brauchst Du überhaupt so viel Elektronik?

WAS KANNST DU TUN, VERSTEHEN & VERÄNDERN
Kreislaufwirtschaft / Circular Economy

Ein cleverer Ansatz ist ein umfassendes Kreislauf-System, in dem alle Wertstoffe getrennt und schließlich wiederverwertet werden. Dafür gibt es auch schon einen Namen: ‚Cradle to Cradle' (Von der Wiege zur Wiege).

1. Was findest Du dazu im Internet:
   Cradle to Cradle, sowie Kreislaufwirtschaft / Circular Economy

1. Cradle to Cradle: Ökoeffektivität ist ein Begriff, den der deutsche Chemiker Michael Braungart und der US-amerikanische Architekt William McDonough in ihrem 2002 erschienenen Buch Cradle to Cradle (C2C, Von der Wiege bis zur Wiege) verwenden.

   Kreislaufwirtschaft: Ökoeffektiv sind nach Braungart und McDonough Produkte, die entweder als biologische Nährstoffe in biologische Kreisläufe zurückgeführt werden können oder als „technische Nährstoffe" kontinuierlich in technischen Kreisläufen gehalten werden (Kreislaufwirtschaft).

   Z. B. ein herkömmliches Baumwoll T-Shirt kann als recycelte Baumwolle in ein neues Kleidungsstück verwandelt werden.

Quelle: Wikipedia

WAS KANNST DU TUN, VERSTEHEN & VERÄNDERN
Kreislaufwirtschaft / Circular Economy

1. Untersuche, wie und aus welchen Materialien unsere Kleidung hergestellt wird.
   - Hierzu bringe 2 - 3 Kleidungsstücke mit in die Klasse: von Sport über Unterwäsche und Funktionsbekleidung (Baumwolle, Polyester, Seide, Leder, Wolle...)
   - Liste die Materialen (auch Materialmixe) auf. Erkennst Du die natürlichen Materialien?
   - Wieviel Wasser wird benötigt, um ein T-Shirt aus Baumwolle zu produzieren?
   - Was wird für ein T-Shirt aus Polyester benötigt?

2. Was passiert mit den Kleidungsstücken, wenn sie abgetragen sind? Was könnten wir danach damit machen?

   Untersuche, was man mit nicht mehr tragbaren Stücken machen könnte?

3. Erforsche unterschiedliche Herstellungsweisen, angefangen beim Design, über Produktion und Wiederverwendbarkeit von Garnen/Materialien, damit diese wiederverwendet werden oder kompostiert werden könnten.

   Recherchiere im Internet und teile in der Gruppe.

1. Für die Produktion eines Baumwoll-T-Shirts sind ca. 2.000 Liter Wasser von Nöten. Der Baumwoll-Anbau ist sehr Wasser-intensiv. Ein Oberteil aus synthetischen Chemiefasern, zum Beispiel Polyester, benötigt für die Produktion Erdöl, hinzu kommt ein 40 % höherer Energiebedarf bei der Herstellung, als bei der Baumwollproduktion.
2. Abgetragene und ausgewachsene Kleidung und Schuhe können an Geschwister oder Second-Hand-Märkte, Charity Vereinigungen weitergegeben werden, bevor sie verbrannt werden oder auf der Mülldeponie landen. Die alten Fasern können zu Putzlappen, Schwämmen oder Polsterfüllmaterial wiederverwertet werden. Alte Jeans können in coole Taschen umfunktioniert werden; alte Mützen, Handschuhe oder Socken in lustige Stofftiere verwandelt werden.
3. Mehr dazu unter Cradle to Cradle www.c2c-ev.de

Quelle: www.welt.de/welt_print/wissen/article6839727/2000-Liter-Wasser-fuer-ein-T-Shirt.html

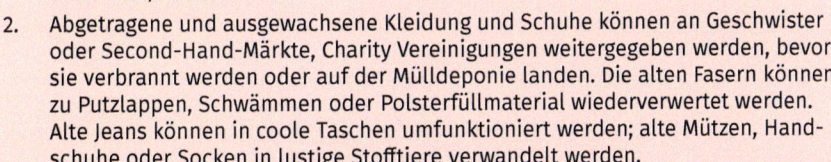

WAS KANNST DU TUN, VERSTEHEN & VERÄNDERN
Kreislaufwirtschaft / Circular Economy

1. Untersuche Gegenstände, die Du vermutlich jeden Tag benutzt: Mobiltelefon, MP3-Player, Bücher, Fussball, Uhr, ..

   – Welche Materialien wurden verwendet?

   – Ist das Design gut durchdacht?

   – Können Einzelteile repariert werden?

2. Überlege Dir eine neue Design Idee eines Produktes, welches Du oft benutzt und das nach Deinem Gebrauch wiederverwendet, recycelt oder kompostiert werden kann.

1. Individuelle Ergebnisse.

2. Designer machen sich Gedanken über Formen, Materialien, Farben, die Funktion des Gegenstandes, den Energie-Verbrauch, Langlebigkeit, Geruch und Ton. In der Kreislaufwirtschaft können Naturmaterialien zur Verwesung dem Erdboden rückgeführt werden. Künstlich hergestellte Materialien können zwar öfters wiederverwendet werden, die Qualität ist jedoch meistens abnehmend und die chemischen Stoffe lösen sich in der Natur nicht auf; im Gegenteil, sie hinterlassen auch meistens giftige Rückstände.

Quelle: Kreislaufwirtschaft www.c2c-ev.de

WAS KANNST DU TUN, VERSTEHEN & VERÄNDERN
Was ist Bionik / Biomimikry?

Denke an Tiere, Pflanzen, Naturobjekte.

Was ist das besondere an ihnen? Gibt es eine Beschaffenheit, Eigenschaft, die uns für die Entwicklung von neuen Ideen inspiriert?

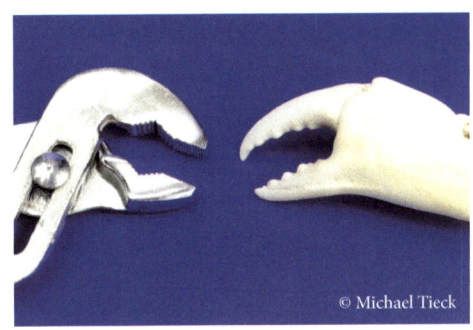
© Michael Tieck

1. Recherchiere im Internet und gestalte in der Gruppe ein Poster über Dir bekannte, von der Natur inspirierte, Designs.

2. Hinterlassen die Tiere in der Natur eigentlich Müll?

---

1. Erfindungen, die durch Tiere inspiriert wurden:
   - Flugzeuge wurden wie Vögel gebaut.
   - Schiffsrümpfe wurden an den Formen der Fische angelehnt.
   - Hochgeschwindigkeitszüge wurden nach der Körperform des Eissturmvogels gebaut.
   - Schwimmanzug von Haihaut inspiriert, um Luftwiderstand zu reduzieren.
   - Kleber für Mikro-Elektronik, inspiriert von Geckos.
   - Super starke Seidenfasern, ohne Giftstoffe, inspiriert von Spinnen.

2. in der freien Natur sollte es keinen Müll geben, da sich alle Lebewesen, Flora und Fauna in konstantem Kreislauf befinden.

   Die Bionik (auch Biomimikry, Biomimetik oder Biomimese) beschäftigt sich mit dem Übertragen von Phänomenen der Natur auf die Technik. Bio bedeutet Leben, mimikry bedeutet Nachahmung von Natur und Leben. Biomimkry ist eine Wissenschaft, die versucht, die besten natürlichen Ideen herauszufinden, um diese als Lösungen und Antworten auf Probleme und Herausforderungen der Menschen zu übertragen.

Quelle: Wikipedia

WAS KANNST DU TUN, VERSTEHEN & VERÄNDERN
Was ist Bionik / Biomimikry?

1. Spiel zum Fühlen und Reflektieren

   - Natürliche Objekte werden in alte Socken gepackt (Steine, Kiefernzapfen, Plastikschnuller, etc.…)
   - Die Kinder erfühlen die Inhalte und beschreiben sie (Material, Form, Weichheit, etc…)
     - Ist es klein? Und auch leicht?
     - Denkst Du, es kann schnell brechen?
     - Kann es gleichzeitig leicht und stark sein?

2. Produkt-Design

   Erarbeitet in kleinen Gruppen ein neues Produkt (abhängig von den Interessen der Kinder: Produkte aus dem Musik-Bereich, Bekleidung, Spiele, Möbel, Autos, etc..)

   - Erinnern Dich einige Tiere oder Pflanzen an Dein neues Produkt? Wenn ja, warum?
   - Welche einzigartigen Funktionen haben diese und könnt ihr etwas entwickeln, was diese Funktionen nutzt?
     - Jede neue Erfindung wird erst einmal skizziert.
     - Welche Funktionen sind durch die Natur inspiriert?
     - Erkläre an einer Zeichnung die einzelnen Funktionen.

WAS KANNST DU TUN, VERSTEHEN & VERÄNDERN

Ausmalen

Je nach Alter werden die Kinder/Teens eingeladen ein Themen übergreifendes Bild zu zeichnen.

Jüngere Kinder können gerne das Bild ausmalen.

WAS KANNST DU TUN, VERSTEHEN & VERÄNDERN
Ausmalen

WAS KANNST DU TUN, VERSTEHEN & VERÄNDERN 143
Ausmalen

WAS KANNST DU TUN, VERSTEHEN & VERÄNDERN
Ausmalen

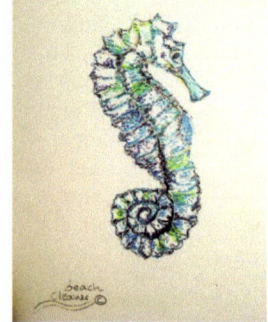

NACHWORT 145

Um die immense Plastikflut, die täglich den Ozean erreicht, einzudämmen, benötigt es mehrere globale und lokale Ansätze sowie Initiativen. Es sind weltweit verbesserte Müll-Management-Systeme und deren Infrastruktur erforderlich. Recycling muss ausgedehnt werden, vor allem in den Regionen und Ländern, in denen das meiste Plastik hergestellt wird, und nicht zuletzt muss der Einsatz von Plastik begrenzt und besteuert werden.

Es gibt einige Initiativen von Regierungen und Organisationen, Mikroplastik und den Gebrauch von Plastiktüten einzudämmen. Wenn die Gesellschaft jedoch ein komplettes Plastiktütenverbot durchsetzen würde, würde das nur ungefähr 1 % der Plastikproduktion ausmachen. Wir müssen uns weg von einem linearen Wirtschaftssystem (Herstellung, Gebrauch, Entsorgung) und hin zu einer Kreislaufwirtschaft entwickeln, in der Ressourcen wie Plastik benutzt und nach Wiederaufbereitung weiter genutzt werden, anstatt nach der Erstproduktion auf der Mülldeponie zu landen. Unternehmen und Industrie müssen Verantwortung übernehmen, die aus Plastik hergestellten Güter ethisch und umweltschonend zu entsorgen oder wiederverwerten zu können.

Bis Industrie und Regierungen soweit sind, ist der Beitrag eines jeden Einzelnen gefragt, den persönlichen Plastik-Konsum herunterzufahren, bzw. komplett einzustellen, um die bislang größte Umweltkatastrophe noch in den Griff zu bekommen. Gerade in Europa und der westlichen Welt leben wir aufgeklärt und priviligiert. Wir können eine wiederauffüllbare Trinkflasche, sowie eine Edelstahl-Brotbox von daheim mitnehmen, um auf in Plastik abgefüllte Getränke und eingeschweißte To-Go-Nahrung zu verzichten, die nicht nur Müll produziert, sondern auch gesundheitsschädlich ist. Auf den Plastik-Strohhalm oder den To-Go-Becher können wir sehr einfach verzichten, indem wir uns Zeit nehmen und aus Gläsern oder Keramik genießen, oder auf alternative, langlebigere Materialien umsteigen.

Für den Einkauf gibt es schöne, wiederverwendbare Baumwoll-Taschen oder Körbe, die jahrelang zum Einsatz kommen. Wie man Partys ohne Einweg-Geschirr und große Umverpackungen lösen kann, kann man hier nachlesen, um im Haushalt oder auch außerhalb den Müll gar nicht erst entstehen zu lassen.

Auch im Mode- und Bekleidungsbereich ist ein Umdenken wichtig und notwendig. Es gibt unzählige Flohmärkte, sowie Kinder- und Designer-Second-Hand-Läden, die neuwertige Mode zum guten Preis anbieten. Das spart nicht nur neue Ressourcen, die zur Herstellung der Textilien eingesetzt werden, sondern das merkt man auch im eigenen Geldbeutel.

Es gibt viele Ansätze und Möglichkeiten, wie man im persönlichen Bereich Plastik reduzieren oder sogar komplett vermeiden kann. Am effektivsten ist es, den Müll erst gar nicht entstehen zu lassen. Das bedeutet manchmal Verzicht, indem man eben bewusst nicht konsumiert. Gleichzeitig erlangt man eine neue, nicht wieder wegzudenkende Freiheit, sich bewusst für etwas oder dagegen zu entscheiden. Wir haben die Einkaufsmacht und die Wahl! Macht was daraus!

Für den Ozean

Für unsere Kinder

Anne Mäusbacher

© beach cleaner

QUELLEN

- Algalita Marine Research & Education - www.algalita.org
- Alfred Wegener Institut - www.awi.de
- ATIPTAP - www.atiptap.org
- Bund für Umwelt und Naturschutz – www.bund.net
  (Projektgruppe Wissenschaftsjahr 2016/2017 – Meere und Ozeane)
- codecheck - www.codecheck.info
- Cradle to Cradle e.V. - www.c2c-ev.de
- Deutsche Meeresstiftung - www.meeresstiftung.de
- Deutsche Umwelthilfe - www.duh.de/becherheld-problem
- Dr. Sylvia Earle - www.mission-blue.org
- Ecowatch - www.ecowatch.com
- Ecowoman - www.ecowoman.de
- Ellen MacArthur Foundation - www.ellenmacarthurfoundation.org
- European Environment Agency - www.eea.europa.eu
- 5 Gyres - www.5gyres.org
- Fraunhofer-Institut für Umwelt-, Sicherheits- und Energietechnik UMSICHT
  www.initiative-mikroplastik.de/index.php/themen/zersetzungskinetik
- Fridays for future – www.fridaysforfuture.de
- Future Ocean - www.futureocean.org/de
- Greenpeace Kids – www.greenpeace.org
- International Maritime Organization - www.imo.org
- IUCN - www.iucn.org
- NABU – Naturschutzbund Deutschland e.V. www.nabu.de
- Natur/Energie+ - www.naturenergieplus.de
- Meeresatlas 2017 Heinrich-Böll-Stiftung Schleswig Holstein - www.boell.de/de/meeresatlas
- National Geograpic www.nationalgeographic.com
- NOAA National Oceanic and Atmospheric Administration – www.noaa.gov
- Turning the tide on trash www.sanctuaries.noaa.gov/education
- www.marinedebris.noaa.gov
- Ocean Conservancy - www.oceanconservancy.org
- Ocean Unite – www.oceanunite.com
- Orbmedia – www.orbmedia.org
- OSPAR – www.ospar.org

QUELLEN 147

- Ozeaneum Stralsund - www.ozeaneum.de
- Parley for the Ocean - www.parley.tv
- Plastics Europe - www.plasticseurope.org/de
- Plastic Garbage Project - www.plasticgarbageproject.org
- Plastic Planet – www.wernerboote.com
- Plastic Pollution Coalition - www.plasticpollutioncoalition.org
- Plastic Soup Foundation - www.plasticsoupfoundation.org
- REACH - www.reach-info.de
- REFILL Deutschland – www.refill-deutschland.de
- STAP - www.stapgef.org/sites/default/files/stap/wp-content/uploads/2013/05/Marine-Debris.pdf
- Science Direct - www.sciencedirect.com
- Statistisches Bundesamt – www.destatis.de
- Sea Shepherd - www.sea-shepherd.de/1936-marine-debris-campaign-partnerschaft
- The Story of Stuff - www.storyofstuff.org
- Surfrider Foundation - www.surfrider.org
- Sustainable Coastlines Hawaii - www.sustainablecoastlineshawaii.org
- Trademachine – www.trademachines.de/info/abgefuelltes-wasser
- Umweltbundesamt - www.umweltbundesamt.de
- UN environment - Umweltprogramm der Vereinten Nationen - www.unenvironment.org
- Whale and Dolphin conservation WDC - www.de.whales.org
- World Economic Forum – www.weforum.org
- World Oceans day - www.worldoceansday.org
- World Wide Fund For Nature WWF - www.wwf.de
- Youth and United Nations - www.fao.org/yunga/resources/youth-guides/en/
- Yunga Learning and Action Series – Youth & United Nations Global Alliance - www.yunga-un.org
- www.fao.org/yunga/resources/challenge-badges/the-ocean/en/

ÜBER DIE AUTORIN

Im Kampf gegen Plastik in den Ozeanen und der Mission, plastikfrei im Familien-Alltag zu leben, wurde beach cleaner im Jahre 2015 durch Anne ins Leben gerufen.

Anne Mäusbacher wollte ihrem Umfeld und vielen anderen Menschen zeigen, dass ein plastikfreies Leben möglich ist und es sich noch gut dabei anfühlt. Sie lebt mit ihrer Familie in Nürnberg und verbringt ihre Zeit am liebsten am Wasser. Da liegt es nahe, dieses auch schützen zu wollen.

Inzwischen ist aus beach cleaner eine Bewegung von engagierten Aktivisten und Unterstützern entstanden, die durch ihre veränderte Lebensweise und Einkaufsverhalten mit gutem Beispiel vorangehen und zeigen, dass ein plastikfreies und müllreduziertes Leben möglich ist.

beach cleaner hält Vorträge und Talks zum Thema plastikfreies Leben & Zero Waste, ruft zu beach clean ups im In- und Ausland auf und entwickelte 2016 das Lehrprogramm Kids for the Ocean für Pädagogen und Familien.

Mehr Infos zu Hintergründen, dem Team und plastikfreiem Leben auf www.beachcleaner.de

DANKSAGUNG

An alle lieben Freunde, und insbesondere meine Familie, die an mich geglaubt haben, auf mich monatelang sehr verzichtet haben und sich auf das Ergebnis genauso gefreut haben wie ich – Danke!

Ein herzliches Dankeschön an Katharina Liedtke-Liss, die einiges aus dem Buch bereits mit mir an Schulen getestet hat und mich bei der Vollendung dieses Lehrbuches unterstützt hat. Mein Bruder Christoph mit seinen wunderschönen Illustrationen und guten Anregungen, Sam mit den spontanen Fotoshootings, meine liebe Freundin Anne, die mich aus der Ferne mental und manchmal auch verbal unterstützt hat und viele andere, die mich mit Videos, Tipps, Bildern und viel Engagement motiviert haben.

www.beachcleaner.de
Christoph J Kellner // studio animanova www.animanova.de
Samantha Runkel www.samanthamusic.com